웹 월간 詩 [젊은시인들] 7

시와사상 시인선 16

하늘자전거

웹 월간 詩 [젊은시인들] 7

시와사상사

서문

새의 심장은 높고 깊은 곳에서 뛴다
젊은 시인들은
새의 심장을 가졌다
인간의 동력보다 빨리 뛰고 크게
우는 심장이다.
이역을 향한 울음 혈청
사람의 혈액형은 4개, 돼지는 15개,
개는 11개, 닭은 13개, 소는 12개,
말은 8개,
새는? 무한개!
가장 화를 잘 내고, 피가 거꾸로
솟고, 절규하는 혈액형은
누구의 것인가?
누구의 심장인가?

2011년 9월

[젊은시인들] 제7집을 내며, 장인수

1
[젊은시인들] 신작시

2
[이달의 시인] 시선

3
[초대시인] 시선

4
[젊은시인들]의 추천시 | 이동백

[젊은시인들] 신작시

세자르 프랑크, 바이올린 소나타 A장조
외 1편

고은산
전북 고창 출생. 2010년 『리토피아』 등단. 시집 『말이 은도금되다』

푸른 음표로 귓바퀴를 핥는,

내장을 타고 돌아 심장 속 연분홍빛
音이 깃발을 樂이 꼬리뼈 쪽으로 흔드는,

껍질 벗겨진 전선에서 공기가 감전되는 것처럼
붉은 현 소리에 흐드러진 꽃들이 피어나는,

피아노 건반을 유영하듯
거니는 굵은 근육질의 화음들이
버들가지 같은 현 소리에 끼어 젖는,

심장의 주파수와 맞아떨어지는
울림을 왼손으로 찢어
오른손에 옮겨 천천히 쥐어 보는 것 같은,

은빛 시간은 물결처럼 출렁이며

윤기 흐르는 말갈색 갈기를 흔드는 음색. 최초의
고요를 깨고 시위를 당긴 팽팽함과 느슨함을 버무린
금빛 화살촉이 하늘빛 심장에 가득 꽂힐 때쯤 2악장

이 멈춘다.

마흔을 훌쩍 넘긴 나이가 타들어간다

목백합꽃

갈라진 표피층 틈새 사이로
상감청자 빗는다
청잣빛이 흐르는 가슴뼈 사이
목백합나무 자라
꽃이 진 자리에 다시 꽃이 핀다

꽃이 지면 꽃대에 황금칠을 하여
잿빛으로 타는
목마름에 놓아 둘 것이다

꽃의 수은빛 흐름은
광속으로 흘러
쪽빛 바다를 건너
반대 편 해변의 사금이 가득한
모래 위를 사뿐사뿐 밟는다
모래알과 모래알이 이어지는
모래톱을 톱질하는 시든 꽃,

은결로 흐르던 꽃이 지고
단단한 황금빛 꽃대를 만진다
그것의 늪 속에 묻혀 있는

낡은 사유의 잔뿌리를
호숫빛 세제로 하얗게 씻는다

상상의 황금 기둥에 다시 꽃이 핀다

키스 외 1편

김혜영

1997년 「현대시」 등단. 시집 「거울은 천 개의 귀를 연다」, 「프로이트를 읽는 오전」, 평론집 「메두사의 거울」. 계간 「시와 사상」 편집위원, 웹진 「젊은시인들」 발행인. 제 8회 애지문학상 수상. hyeyoungsea@hanmail.net

앵무새와
희랍인 조르바와
카잔차키스와
지루한 詩와
진부한 추천서와
휴지통에 버린 이력서와
손가락 사이로 흩어진 금화와
머리카락이 어지러운 화장대와
사무실 의자와
애인의 젖은 눈동자와
창문에 내린 하얀 서리와
크레타 섬으로 날아간 새와

새벽 3시, 매화나무가 걸어올 때까지

눈알이 없는 물고기가
키스를 한다

총알

검은 외투를 입는다
손에는 하얀 장갑, 두 명의 형사

중절모를 쓴 검정 나비넥타이
초대받지 않은 손님이다
암호는 갈매기

모니터에 떠오른 용의자 Z
빈틈없이
정확하게 조준하라
왼쪽 눈썹 위 검은 점을
0.1mm의 오차도 없이

슬핏 떠오르는 은밀한 시선을
사격하라, 오래전 지하 냉동고에서
부패되어버린 결론이라는 진술

사랑은 냉정한 화법이다
암호는 독수리, 사나운 발톱으로 움켜쥐는
단 하나의 거짓말을 사냥하라

총알이 입안을 관통했다
검은 외투를 벗는다
털이 난 가슴에서 쏟아지는 글자들

박종인
전북 무주 출생. 2010년 『애지』 등단. 제 9회 산림문화작품공모전 대상. p7a7r7k@hanmail.net

하나님의 습작기 외 1편

공허한 내 가슴에 그가 불씨하나 심었다
설레설레 부채질이 바람까지 일으키고
어둠속에서 불씨가 자란다
불티가 날아간다
나는 꽃이고 울창한 숲 아니, 냇물, 혹은 바람
그가 입으로 사진을 계속 찍는다 칭찬이 여러 장이다
입에 나온 사진이 온 동네에 뿌려진다
입에서 자란 나무가 열매를 맺는다 튼실하다
빨갛게 무르익은 열매를 그가 따 먹기 시작한다
나는 울렁증이 생긴다 그가 다른 나무 가까이 있으면
낯빛이 누렇게 뜬다
배가 아프다 옆구리가 결린다 통증이 시작된다
내가 나무인지, 물고기인지, 꽃인지 바람인지
난 아직 모른다
결정권은 오직 그에게 있다
그는 밑그림을 몇 번이나 그리고 지운다
어느 날 실전에 돌입.
말로 그림을 그리기 시작한다
그림이 생기를 찾더니

첫째 날에 빛이 있고 둘째 날에 궁창이 있고
셋째 날에 뭍이 드러나고 넷째 다섯째 여섯째 날
화폭에 나의 형체가 드러났다

법원 앞

활활 타오를 붉은 사다리가 만들어졌다 다리 난간에 걸터앉아 나는 그네를 탄다

이대로 생을 건너도 좋을까 잠깐 누군가 서쪽 하늘에 걸어 놓은 이승과 저승을 잇는 끝과 시작인 다리, 직녀가 되고 싶었다 베틀에 앉았어도 다리는 이어지지 않았다 까치는 울어도 소식은 건너오지 않았다 까치를 기다리며 나는 오작교보다 단단한 이 다리를 선뜻 건너지 못한다 어렵사리 만난 견우를 껴내놓고 두 근반 세 근반 내 생의 절반을 내려놓고 아주 잠깐 버티는 그 다리 위에서,

마음을 바꿀까 망설이는데, 그넷줄이 점점 타들어간다 줄을 잡고 흔들던 위험한 당신이 뜨거운 눈물로 떨어진다 훌쩍, 날아 저 건너편에 무사히 닿을 수 있을까?

돌다리도 두드려봐야 했었다 다시는 견우를 만나지 않겠다 한나절 법원 앞을 서성인다 여차하면 다리를 폭파하겠다

하늘자전거 외 1편

안효희
1999년 계간 『시와사상』 등단. 시집 『꽃잎 같은 새벽 네시』. hyohee58@hanmail.net

거대한 입들이
놀이동산을 먹고 있어

청룡열차8과 9, 그 함성을 삼켰어
지상으로 끌어내린 하늘자전거의
부푼 동그라미13, 14를 뜯어먹었지

소풍이라는 말은 뿔뿔이 흩어지고
깔깔거리는 웃음은 이제 어디에도 없지
혼자 중얼거리는 플래카드 아래
때를 기다리던 고양이가 새끼를 낳았어
그곳의 시계는 언제나 오후 6시

꿈을 접고 지나가던 등산객,
지난 시절의 많은 이름들과 생각이 마주치는 그때

회전목마가 후다닥 날개를 펼치기도 하고
청룡열차가 쏜살같이 달려나오기도 했지
발이 묶인 나무들은 가지만 흔들흔들
닿지 않는 손을 내밀었지

안면 홍조

안면도에서 날아온 붉은 새일까

그 여자는 지금도 소녀이다
얼굴이 붉어지는 수줍음
무의식의 은밀한 세계다
한때 소녀였다는
증명이었고 상징이었던,

이젠 아무도 가지지 못한 그리움이다
보조개보다 크고 볼우물보다 깊은
붉으레 볼을 만지며
손부채질 하는 여자

혼자 부끄러워 빨개져
부끄럼 잊은 우리를 대신하여…

노고지리 외 1편

이동백
1996년 『현대시』 등단. 시집 『수평선에 입맞추다』

소읍 변두리 식당에 나타났습니다

고향 마을 들판 샛강가 떠돌며 노래를 부르던,

끼니를 자주 걸러 새처럼 몸이 가볍던 그 아이

산천에 늘려있는 둥지는 그의 밥그릇

새알을 훔쳐먹다 들킨 후 그만 노고지리라고 불려
지더니

소리없이 보리꽃이 피던 어느 날 소문도 없이 사
라졌습니다

'소백산 과수원' 명함을 건네는 머리 히끗히끗한
사내
앞에 메추리알이 수북하게 담긴 접시가 놓였습니다

노래 부를 차례가 되사

하늘로 날아오를 듯이 벌떡 일어섰습니다

사 십 년만에 들려오는 노래소리

샛강가에 오래오래 맴돌았습니다

애월

여기까지 와버렸네
이제 그만 차를 세우고
하늘 한 번 쳐다보게
휘적휘적 힘 없이
걸어가는 희멀건 얼굴 보이는가
어쩌면 한 경지에 이른 듯,
무심한 저 달덩이

깜깜한 밤길 오래 오래 걸었겠네
모퉁이마다 가시 박힌 가지끝
목이 턱턱 걸렸다지
풀렸다가 걸렸다가
풀었다가 걸었다가
그 탯줄 같은 거 이제 다 닳아
한 번 툭, 치면 영영 떠나버릴 것같은

한곳에 머물지 못하고 멀리 떠돌던 자네
한평생 한 일이라고는
또 다른 섬을 기웃거린 일밖에
그 눈길 이으면
해안 일주도로가 반짝거리겠네

떠도는 이를 밤마다 지키던 마음
생각해보았는가
속이 다 타버린 얼굴
그믐날 가만히
그 이름 한 번 불러보게

눈꽃 편지 외 1편

이선행

충남 부여 출생, 공주대학교 사회복지학 강사, lovely3004@hanmail.net

경칩도 지난 봄밤에
흩날리는 꽃처럼 눈이 내리고
빼조록이 터오던 봄눈들
오소소 어미나무 겨드랑이에 깃든 밤

눈 말고는 움직이는 것들 하나 없는데
사브작 사브작
눈 밟히는 소리
아, 움츠려 걷고 있는 검은 그림자 하나

저이는 무슨 생각으로
이 생경스런 봄 뜨락에 나와 서성이는 걸까
베란다 기둥에 서서
하릴없는 생각은 꼬리를 무는데

파드득
기억의 날개 펼쳐지며
덩그마니 떠오르는 표정없는 얼굴 하나
삼월의 눈발 속으로 날아들고
나는 곱아진 손으로 눈꽃 편지를 쓴다

언제라도 맘 닿을 수 있는 거리에
네가 기다리고 있다면 좋겠다
여전히 나는
네 그리움 속에 살고 있다

그대의 아쿠아 마린

푸른 물결 찰랑대던 여름 숲 파도속에서
나뭇잎 사이로 쏟아지는 태양의 빛살무늬를 세며
간간히는 얼굴 마주한 채 한나절을 말없이 앉아있던 날,
깊이를 알 수 없는 심해를 유영하는 듯
신중 언어를 향기로 흘려주던 그대 매혹의 아쿠아 마린

이윽고, 오랫적 잃은 줄 알았던 내 복사빛 뺨이
오감의 촉수를 뽑아 올려 바다향에 안달나 남실거리고
가랑잎같이 위태하던 내 몸길에 한가닥 숨줄을 대어 주었다
이때부터 그대라는 범선이 내 생의 바다에 뜨고
나는 심해의 싱싱한 물고기를 낚는 어부가 되었다

무거운, 숲 외 1편

이은주
2000년 「다층」 등단. 계간 「신생」 편집장. gieunju@hanmail.net

사람은 무겁다

저 꼭대기에서 한방에
무너져 내리는
압사 직전의
버거운 공포다

밀도 짙은 죽음을 흘리고 다니는
사람들의 숲, 속 둥지를 튼다

죽지 않는다

날마다 죽는다

방에서 비틀거리다 죽은, 길들여진 그 놈은 온몸에 가스를 품은 채 의식을 잃는다 출근길에 본 놈은 얼어죽는다 숨이 쉽게 끊어지지 않는지 촉수를 끔뻑거리다 느리게 조용해져 간다 퇴근길에 만난 놈은 흔적을 알아볼 수가 없다 몸통이 짓뭉개져 누런 즙액들이 뒤엉켜 독을 뿜어내고 있다

배불린 자들이 모두 잠든 밤이 되면 날마다 죽는 그 놈들, 독을 품은 검은 자궁 속에서 눈알로 살아나 꿈틀거린다 억눌린 만큼 눈알은 단단하다 짓밟힌 만큼 견고해진다 한 몸이 죽어 수천수만의 몸으로 살아나 바글거리며 푸르게 저항한다

세상 가득한, 그 놈 무서운 놈, 무서운 그 놈들,

이일림
2008년 「시인시각」 등단. bab-jw@hanmail.net

크리스컬 매스 외 1편

가끔씩 외출을 하게 되었지 까치발로 설레발로 통통거리며 자연을 숭배하는 법을 배우고 싶었지 하늘에 떠 있는 애드벌룬의 높이를 측정하는 것처럼 신나는 일일거야

점점 높이 치솟는 공기의 힘을 느끼는 날엔 발과 땅이 덩달아 허공을 구르고 있었지 누구도 나를 볼 순 없었지만,

구름이 한 묶음씩 다가와 촘촘한 웃음을 남기며 북쪽으로의 이동이 많은 날 황새도 뱁새도 아닌 오리 궁둥이를 흔들며 먼저 가는 원숭이의 뒷모습 바라보았지 어디까지 왔니 가니? 우리는 길게 웃을 수 있는 구름을 연구하는 착한 이방인들

따라 오는 자가 따라 잡는 자의 타이어에 매달려 거리를 활보하는 봄 뾰족 구두를 신고 아스팔트를 포장하기 위한 자갈길을 걷는다 이른 봄의 포화가 시작되는 길목, 불안이 총총 붙은 갓길을 달고 누군가 말했다 돌아봐, 공기를 너무 많이 주입하고 있는지 몰라, 우린

원숭이 나라의 원숭이들은 왜 백 마리가 모이면 회의를 하는 지에 대해 아무도 묻지 않는 저녁 이번에는 커피를 끓일 수 있는 온도가 화두로 선정됐다 외출이 잦은 여름 바람이 구름의 방임에 대한 임계량을 저울 위에 올렸다 순간, 우주가 풍선이 되었다

---

* 임계질량, 임계점을 향한 : 백지연의 책

투명한 주사기

투명한 동굴이 얼굴 가까이에 있다
여자의 차례는 두 번째
고통은 상처의 속도보다 빨라서
상처가 짓무를 때쯤은 이미 사안이 시작된 상태
여자의 안면은 심방의 분리보다 더 어지럽다

긴 촉수를 밀어내려는 아찔한 동굴의 입구에서
혈관은 팽창에 대해 생각하는데
어느새 두뇌는 수축의 지도를 그리고 있다

질서를 지키던 동굴 안이 출렁거린다
피하조직이 얼음장처럼 굳은 단면을 더듬는다
어둠의 둘레를 재며
얼굴과 말이 서로 부딪힌다
구름이라고 말하지 말아요
피를 보고야 말겠군요,
아기 코끼리 덤보 곁으로 더딘 먹구름 지난다
주사위를 던지듯 문이 열린다

또 다른 동굴 안이 술렁거리며 질서에 정면하고

선인장의 햇빛보기에 방향들이 내기를 건다
실내로 머리를 돌렸던 가시들이
코끝에 스치는 햇빛의 향기에 취한 듯
주물주물 가시의 몸체가 태양을 따라간다

마네킹 프린터 외 1편

이창하

현대시 『낡은 의자』 외 다수를 발표하면서 활동 시작했음.
시집 『케이코 요시다의 노래를 듣다가』. 경남 우수작품집상.

처음부터
그의 손은 마음껏 나의 턱과 어깨를 주물렀지만, 그의 위엄 앞에 제동을 걸 수 없었어
반항은 물론 생각할 수 조차 없었지
매사
탁월한 선택은 역시 순종하는 것이었어
나뿐 아니라 모두들 움직일 수 없었어
계속해서
그의 명령조적인 어투가 들려왔었어

– 움직이지 마세요
– 가볍게 주먹을 펴고 턱을 왼쪽으로 좀 돌리세요
– 엉덩이를 좀 더 치켜 세우고 무릎을 모으세요

아내와 나는 완전히 그의 의지로 제작되는 피조물이었어
심지어
그의 요구에 따라 구도가 정해지거나 이미지가 바뀌기도 했고
나의 목덜미나
아내의 허벅지를 주무르는 것도 합법적으로 용인

해야만 하는
　상황도 서슴지 않게 연출해 가고 있었어

　그의 결정적인 명령이 내려진 것은 그때였어
　– 치즈하면서 웃으시고 고개는 움직이지 마세요
　그 기형적인 말씀에 따라
　우린 역시 바보 같은 웃음을 기계처럼
　흘리고 있었어

　「하늘 엔 콕」 사진관에서 있었던 일이었어
　완벽하게 제작된 마네킹…, 그는
　우릴 충분히 추행하고 있었어

열쇠구멍

무심코
열쇠구멍 속으로 그녀의 작은 산을 보았네
하마터면
산을 살로 부를 뻔 하였네
산과 살의 공통점은 있을까
ㄴ과 ㄹ의 차이나 연관성이란
ㄴ은 하늘과 땅 사이의 공간이란다.
ㄹ은 움직이는 생명체를 뜻한단다
그러니까, 사람이 살아가는 세상이 되는 것이니
따지고 보면
산이 살이 될 수도 있는 것이고 산을 통해 살을 볼 수도 있다는 것이 되네

열쇠 구멍의 이쪽과 저쪽은 완전히 다른 세상
이를테면
이승과 저승
천국과 지옥 정도

그녀가 닫은 성문을 굵은 열쇠로 공격을 한다면
극과 극은 통한다고 했으니
아귀지옥의 비명이 들리다가 혹은

고통이 극에 달해 희열이 될 수도 있지 않을까
열쇠구멍의 이쪽과 저쪽이라는 허울
누구나 간단하게 넘을 수 있는 공간이기도 하지만
또한 엄격한 규율에 순응하지 못하면 영원히 열리지 않는 공간이기도 하지

이승과 저승의 차이라고나 할까

저 건너의 작은 산
열쇠 구멍 너머의 작은 우주
산과 살이 분명하지 않은 열쇠 구멍의 이쪽과 저쪽
가깝지만 높은 담이 처진 먼 곳
그녀의 산 저쪽과 이쪽의 형식

장인수
2003년 「시인세계」 등단. 시집 「유리창」, 「온순한 뿔」. su031777@hanmail.net

색깔 외 1편

소, 돼지, 부동산 업자의 방귀에도 색깔이 있다면?
부부싸움을 할 때 아내의 입술에서 온갖 색깔이 흘러나온다면?
함박눈 펑펑 쏟아지는 날
아내에게 핀잔을 듣고
엉뚱한 생각을 한다
포장마차에서

별

천공에 박힌 무수한 못
또 누군가 못을 박는 소리
들려온다
쿵쿵
무슨 공사를 하는가
저 먼 곳

전건호
충북 영동 출생. 2006 「시와정신」 등단. 시집 「변압기」. demang815@hanamil.net

무릎과 무릎 사이 외 1편

발걸음의 폭에 따라 가야할 길이 바뀔 수 있어요
발자국을 옮기는 순간
아우성치는 공기의 비명이 천간지지를 조종하고
발끝에 채이는 풍향과 온도가
자갈길을 만들기도 하고 탄탄대로를 펼치기도 해요

구름의 눈물이 들판을 적실 때
샐쭉 피어나는 꽃들의 표정에 감정선 요동쳐요
눈 동그랗게 뜨고 내려 보는 별과
달의 표정에 대운이 뒤바뀔 수도 있거든요

새들이 허공을 쪼아 뚫어놓은 동굴
흘러넘치는 별빛이 애정선에 흘러들면
출렁거리는 기류에 직항로가 휘어져요

어지럽게 찍어놓은 발자국은
의지마저 속수무책으로 만들죠

무심히 던진 패가 불러들인 회오리
휩쓸리면 끝이 난답니다
볼우물 넘치는 한 조각 웃음이

지옥을 천당으로 바꿀 수 있거든요

발걸음의 높이와 각도를 조금만 틀어보세요

바람의 틈새를 비집고 들어가
공기의 각을 두드려 좌표를 수정하다 보면
간절곶에서 희망봉까지 직항로가 열린답니다

무지개를 주세요

절벽을 타고 오른 칡넝쿨이 넘어서는 안될 선을 넘본다
아스팔트에 새순을 내민다

포기할 수 없는 집착은 어디에서 시작되는가

들숨과 날숨의 간극
흥건하게 넘치는 어둠의 입자 속으로
발자국 하나를 옮기기 위해
풀어야 할 매듭이 하루치라면
길 가운데로 촉수를 뻗어야하는 칡넝쿨의 숙명은
어느 별에서 시작된 걸까

허기를 채우던 붕어빵이 혈관을 헤엄치는 동안
지평선 너머 몸을 던지는 별들
누구의 화원에서 꽃으로 피어날까

오래된 미래를 달려온 차가
어린 목을 꺾는다면
둘 사이 얽힌 함수는 어느 별에서 풀릴까

사랑을 위해 꺾은 꽃만큼
건너야 할 강 늘어만 간다

전화기 속 문자메세지 외 1편

정연탁
작가회의 회원. 거창문학회 회원. 한의학 박사. 대전대 한의대 경락경혈학 외래교수

해
체
된
너

수 억 번
비행했던 너에게로 가는 항로
더듬어 나에게로 와서
떨리는 진동 혹은 옅은 울음으로 확인되는
존재와 부재
그 정도 거리에서

너는 그 속에서
숨죽이며 나를 보고 있고
나는 그 속으로
숨죽이며 너를 보고 있고

액정 유리벽 너머
저편
내내 보고 있고

무제 2

내가 쓰려는 것이 시이고 사물 속에 담겨진 몸부림이고

흔들림이고 노래이고

인지할 수 있는 범위 내에서

주절거림이고 형상화할 수 있는

울림이고 어떤 명명을 앞서

원형질이고 목적의식이지 못한 혹은

지극히 목적에 충실한 흐름이고

우물 속에서 방금 꺼낸

샘물이고 이렇다하고 내놓지 못할

낙서이고

정훈교

경북 영주 출생. 2010 계간 「사람의문학」 등단. 〈리비도〉 詩동인.
대구작가회의 사무차장. poetry2000@hanmail.net

허밍Humming 외 1편

– 형을 부르는

음성이 흐르지 않는 몇 달은 조용했다
간혹 보험증권이나 우편물에 엷은 음색이 묻어 있긴 했지만
소스라치게 놀랄 일은 아니었다

전화국에 들러 미개봉된 몇 달의 시간을
꾹꾹 종이에 받아 적었다

당월에 끝나지 않은 음성이
석 달 째 미납되어 있었고, 수신자부담으로 된 음성도 몇 있었다

내가 아는 이용요금 명세서엔
대문을 나간 아내와
마지막 신호음을 실감하지 못한 아이가 버튼을 꾹꾹 누르며 웃고 있다

아이 할머니 음성에 따르면
초저녁부터 진눈깨비가 내렸고
마른 음성은 초인종에 딱 붙어 있었다고 했다
대문을 열자마자

등에 물안개를 피우며 증발되더라는 것이다

반쯤 젖은 음성은 욕탕에서 나온 후
젖은 음성을 수건으로 탈탈 털어냈다
밤새 창문을 뒤흔드는 바람의 음성도
방음벽이 된 미세한 음역을 뚫진 못했다고

난생 처음 연주한 얇은 멜로디는 이리저리 모서리
를 찾아다니다
새벽녘에야 간신히 잠잠해졌다고

덧붙여
평소 누구의 음성도 음성의 음성을 자주 불러주는
걸 못봤다고 했다

술버릇처럼 바탕화면 가득 정적을 깔아 놓더니만
베디리정고음도 없이 제일 먼저 꺼졌다

검은 靜寂을 입은
아이는 버튼을 꾹꾹 누르며 여전히, 웃고 있

소네트, 당신, 강성은에게

– "구두를 신고 잠이 들었다"에 부쳐

1

옛날이야기 들려줄까

내 남편은 마술사예요 오래된 나무들이 탁탁 소리를 내며 쓰러졌다 어둠속에서 총으로 서로의 심장을 정확히 쏘는 마술 구름은 검은 빗방울을 툭툭 떨어뜨리지요

침대보에서 피어난 장미넝쿨 가시만 더 크고 억세게 자라났다 계속해서 발자국들은 쏟아져 나왔다 발자국 위에 발자국을 찍으며 지붕 위에서 찾아가는 세계지도를 펼쳤다 잠든 아이들의 은밀한 이야기

밤마다 그는 맨발로 태양 위를 걸어 다녔네

나는 자전거를 걷어찼고 자전거는 달렸어요 우리는 공중으로 솟구친다 벌거벗은 채로 팔랑거리며 날아간다 물레가 돌아간다 투명한 실들이 흘러나온다 나는 TV 속으로 들어가 남자의 입을 틀어 막았다 누가 그녀가 죽는 것을 보았지? 그림자를 주워 모으려고 죽은 아이들이 몰려 들었다

나뭇잎 한 장으로 수만 개의 태양을 가리는 시간 새들은 지붕 위에서 오래 잠들어 있다

꿈의 어떤 장면에서는 비가 내리고 나는 우산도 없이 달린다 여자의 심장이 끊어질 듯 덜렁덜렁 웃고 있네 죽은 할머니의 스웨터를 입었지만 일년 내내 동상에 걸렸다 붉은 달이 떠 있는 검은 딸기밭 아래 잠옷 차림의 나는 운동화 끈을 씹으며 다리 위를 걸어간다 잠들면 눈 안에서 청유리가 자라났다 유령이 된 것 같았다

그러는 사이 나는 거인처럼 자랐고 당신의 아름다운 외투는 덜렁거리며 혼자 걸어다녔다 죽은 잎들이 창턱까지 쌓여 있다 동네 영화관에서 잠들었다 지루한 눈물이 반성도 없이 자구만 태어났다 불안은 지느러미를 흔들며 헤엄쳐 다니고 어디를 가니 밤이 내게 물었다

오, 서둘러 천 개의 단추를 풀어라

2.
잠든 사이 붉은 가로등이 켜졌다

눈 먼 사람들이 지팡이를 짚고 횡단보도를 건넜다

이유를 물었지만 그는 말이 없었다 그에게 말 못할 사정이 있는 것 같았다 나무들은 바싹 마르고 과일들은 스스로 탯줄을 끊는 밤

다락방에 쌓아둔 비밀들이 들창으로 털실처럼 풀려나갔다 바람 부는 밤이면 낱낱이 흩어져 한 장씩 모아야 했지만 슬픔은 보석을 만들어내고 상한 달은 빛나는 태양을 만들어냈지 골목과 골목 사이의 바람과 가로등 누군가 불렀던 허밍

천천히 자신의 귀를 꾹꾹 밟아준다 아홉 개의 달이 풍선처럼 떠올랐다 아이들은 환하게 웃으며 헤엄쳤다 나는 집으로 돌아와 몸에 찍힌 발자국들을 애써 지웠다 희미한 태양이 부르는 노랫소리 들린다 수만의 바퀴들이 일제히 나를 밟아요 담장 밖의 사람들은 막 잠이 드는 순간

얘야, 너무 두려워 하지 마

아침이 오기 전에 이 테라스는 곧 녹아내린다 익사체가 된 달들을 밟고 잠길 듯 잠긴 듯 위태롭게 버

스는 달린다

어항 속에서 놀다가 그만 숨 쉬는 법을 잊어버렸습니다

---

* 위 시는 강성은 시집 『구두를 신고 잠이 들었다』에서 편마다 각 한 행씩 차용한 것임

한보경
2009 『불교문예』 등단. jandi21@hanmail.net

쥐꼬리 외 1편

쥐꼬리만큼 세우고 살
꼬리도 없으면서
시도 때도 없이
쥐꼬리를 우습게 여기고 살았다
쥐꼬리만 한 꼬리는
꼬리도 아니라고
제대로 중심 한번 잡지 못하고 살았다
적어도
쥐꼬리가
만만하게 잡을 수 없는 존재인 걸 몰라
쥐꼬리만 한
헛헛한 허기를 숨기기 위해서
쥐꼬리만큼은,
쳐다보지 않았다

쥐꼬리만큼 쥐꼬리를 알고 보니
쥐꼬리는
그저, 꼬리인 걸 알겠다

여우꼬리

(9개의 꼬리보다 인간다운 증표는 없지)

8개의 꼬리는 꼬리가 아니지, 말하자면

9개의 꼬리는 병신인 거지

9개의 꼬리는 변신인 거지

9개의 꼬리는 변술인 거지

9개의 꼬리는 구슬인 거지

9개의 꼬리는 구실인 거지

9개의 꼬리는 변명인 거지, 말하자면

9개의 꼬리는 꼬리가 아니지

(9개의 꼬리보다 인간답지 않은 증표는 없지)

그 자리 외 1편

하재청
2004년 계간 『시와사상』 등단. ohorahjo@hanmail.net

그 자리에 가 보았네
움푹 패여 이끼 낀 고사목
비늘이 비늘을 벗겨내면서
아직도 늙어가고 있었네
그 한 가운데 늙은 뱀 한 마리
아홉겹 미로를 만들고 있었네
자신이 만든 미로 속으로 들어가기 위해
안간힘을 쓰고 있었네
아무도 돌아보지 않아 백태 낀 생채기
붉은 낙엽이 쌓여 삭고 있는
그 오래된 우물 속에
내 푸른 입술도 썩고 있었네

달빛 여인숙

달빛과 마주 앉았다
바람도 없는 밤이었다
어둠을 타고 오는 만조의 흐느낌과
비린내 스치는 뭇 사내들의 발자국 소리
몇 번의 밀물이 그녀의 가슴을 적시고
발바닥에서는 소금 냄새가 난다
달빛 여인숙이 불을 켜기 시작한다

오늘 밤은 아무도 그리워하지 않겠다

2

송재학 | 사물 A와 B
문인수 | 개펄
이승하 | 어머니의 아랫배를 내려다보다
김종미 | 고양이 사랑
양문규 | 매화나무 곁을 지나다
배홍배 | 단단한 새
배한봉 | 자본주의의 밤
김영미 | 두루마리
이재훈 | 카라
강문숙 | 청동우물
김영찬 | 엄벙덤벙 꿈사냥꾼은 말했다
박완호 | 물빛

[이달의 시인] 시선

사물 A와 B

까마귀가 울지만 내가 울음을 듣는 것이 아니라 내 몸 속의 날 것이 불평하며 오장육부를 이리저리 헤집다가 까마귀의 희노애락을 흉내내는 것이다 까마귀를 닮은 동백숲도 내 몸 속에 몇 백 평쯤 널렸다 까마귀 무리가 바닷바람을 피해 붉은 은신처를 찾았디면

개울이 흘러 물소리가 들리는게 아니다 내 몸에도 한없이 개울이 있다 몸이라는 지상의 슬픔이 먼저 눈물 글썽이며 몸 밖의 물소리와 합쳐지면서, 끊어지기 위해 팽팽해진 소리가 내 귀에 들어와 내 안의 모든 개울과 함께 머리부터 으깨어지며 드잡이질을 나누다가 급기야 포말로 부서지는 것이 콸콸콸 개울물 소리이다 몸 속의 천 개쯤 되는 개울의 경사가 급할수록 신열 같은 소리는 드높아지고 안개시정거리는 좁아진다 개울 물소리를 한 번도 보거나 들어보지 못한 사람에게 개울은 필사적으로 흐르지 않는다

송재학
1986년 『세계의 문학』로 등단. 시집으로 『얼음시집』, 『살레시오네 집』, 『푸른빛과 싸우다』, 『그가 내 얼굴을 만지네』 등이 있음. 김달진문학상 · 대구문학상 · 소월시 문학상 수상

문인수

1985년 『심상』 등단. 시집 『늪이 늪에 젖듯이』 『동강의 높은 새』 『배꼽』 외 다수. 대구문학상, 김달진문학상, 노작문학상, 미당문학상 등 수상

개펄

일몰 보러갔다. 갯가에 붙여지은 이 횟집엔 서쪽을 잘 바라볼 수 있는 위치에 여러 칸 일렬 쪽방을 따로 길게 달아놓았다. 오후 네 시, 한 여자가 일찌감치 방 하나를 차지하고 있다. 상머리엔 벌써 소주 네 병, 잔뜩 취해 훌쩍거리고 있다. 바람 맞은 걸까, 누군가 박차고 나가버린 걸까. 문 활짝 열어놓은 채 허우적허우적, 하염없는 넋두리에 빠져있다. 핸드폰을 부여잡고…, 사연인 즉 죽은 남자를 부여잡고 당신, 나한테 이럴 수 있어? 이럴 수 있어? 이럴 수 있어? 얄팍한 합판 벽, 우리는 여자의 바로 다음 방으로 들어갔다. 창밖, 널리 번진 뻘밭을 마구 뒹굴고 싶었다. 허공의 응답, 그 참을 수 없는 흥분으로 우리는 지척간의 질퍽거리는 비련을 온 몸으로 짓뭉개며, 힘껏 숨죽이며 사랑을 하고 창밖, 해 저무는 것 보았다. 저물어, 검게 물렁거리는 바닥으로 한사코 무르녹아드는 모습, 뒷모습…. 무르녹아 붉게 복받치는 저녁노을 보았다. 울음이 울음을 거뭇거뭇 삭히고, 어둠이 어둠을 그렇게 잠재우는 것 보았다. 으스러지게 껴안아 들인 것은 결국 너라는 등! 1막의 독무대 옆, 전망 좋은 방에서, 그 일몰, 다 엿들었다.

어머니의 아랫배를 내려다보다

음모를 본 적이 없었다 한때는 풍성했을까
지금은 듬성듬성 흰색과 갈색도 섞여 있는 음모
바퀴벌레 같은 희망과 토막 난 지렁이 같은 절망
기저귀 갈아드리며, 때때로 사타구니 닦아드리며……
내 몸이 언젠가 저 구멍에서 나왔다니

알몸을 본 적이 없었다
젖가슴 크기를, 유두 색깔을 알 도리 없었다
염하는 중늙은이와 조수인 젊은 친구
무표정한 얼굴로 어머니 몸을 염포로 싸고 있다
체중 줄이지 못해 늘 힘겨워했던 당신의 몸
암세포가 덮친 말년의 고통 말해주듯이
불룩했던 아랫배가 푹 꺼져 있다 쭈글쭈글하다
30년 장사일 하는 동안
체중을 지탱했던 튼실한 두 다리
젓가락이 되어 있다

염장이 중늙은이야 뭐 대수롭지 않겠지만
젊은 조수가 내려다보고 있는 어머니의 하체
내 치부를 드러낸 것보다 더 부끄러워

이승하
1984년 「중앙일보」 시, 1989년 「경향신문」 소설 당선.
시집 「사랑의 탐구」 「우리들의 유토피아」 「욥의 슬픔을 아시나요」 「생명에서 물건으로」 외 다수.

입 안은 마른 염전이 되고
시선은 숨을 곳 찾아 자꾸 달아난다
곶감 같은 저 아랫배
언젠가는 홍시 같았을까
어머니도 아버지한테 이 말을 했을까
"이리 와서 이 배 좀 만져봐요.
태동이 대단한 걸 보니 사내앤가 봐요."

저 아랫배 그 언젠가
내 아버지를 달뜨게 했을 것이다
무덤처럼 솟아올랐을 것이다
아랫배 속에서 나 한때 웅크리고 있었겠지만
모레면 배부를 일 다신 없을 세상으로
어머니 저 몸을 불태워 보내드려야 한다

고양이 사랑

고양이가 나비를 잡으려다 놓친다
실패의 포즈도
저토록 우아해서
멀리서 보면 춤추는 것 같다

우아하게 춤을 추는 발레리나의
두 발은 고양이다
두 발이 정말 고양이라고 느껴질 때
발레리나는 무대에 오른다

가장 절박한 산소로도 아름답게 호흡을 하는
그때 고양이는 히말라야를 날아가는 새의 허파를
가진다

하나의 털도 이탈하지 않고
히말라야 산꼭대기에서
소리 없이 착지하는 법을 터득한 고양이는
몸 전체가 울음인지도 모른다

내 품에 웅크린
세상에서 가장 애절한 리듬을 지닌 울음소리

김종미
부산 출생. 1997년 『현대시학』 등단. 시집 『새로운 취미』. 제1회 시산맥 작품상 수상

아무리 사랑스럽게 불러도
주인을 기억하지 못하는 눈빛을 가진 짐승을
그래서 나는 사랑한다

그가 나를 배반할 때 나는 비로소 고양이가 될 테니까

매화나무 곁을 지나다

이른 봄날, 매화나무 곁을 지나는데,
여자가 흙 담장에 걸린 꽃가지를 꺾고 있다
하늘이 구름을 내려 꽃을 피우는가
그 여자 매화의 가지에 얹혀 흐느끼듯 꽃을 단다
지난날들은 뒤돌아보지 마라
기울어진 몸이 헛되지 않았다고
속살이 열린, 하얀 꽃송이 허공 속으로 들어간다
햇살 따뜻해 바람 환한 날
사랑하고 싶어 나무매화 속을 엿보는데
매화나무 안에서 그녀가 옷을 벗고 있다

양문규
1989년 『한국문학』 등단. 시집 『식량주의자』 등 다수. 계간 『시에』 편집주간

배홍배

전남 장흥 출생. 2000년 월간 「현대시」 등단.
시집 「단단한 새」, 산문집 「추억으로 가는 간이역」. hpp2003@hanmail.net

단단한 새

플라타너스 나무에 노란 새가 앉아있습니다
새가 움켜쥐고 있는 허공이
내가 당신을 만날 때 언제 들이닥칠지도 모르는
허전함을 달래주던 나뭇잎의 넓은 마음이
차지하고 있던 자리는 아닐까
지금 내 등을 두드려주는 봄볕도
저 허공을 지나온 것은 아닐까 하는
생각에 이르면 새의 발 크기가 궁금해집니다
새가 울 때마다 노란 새싹들이 피어납니다
플라타너스는 얼마나 많은 나뭇잎을 피웠으면
작은 새가 저토록 단단한 목청을 갖게되었을까요
플라타너스의 넓은 마음 씀씀이도 새의 단단한
울음에서 비롯되었으리니 플라타너스는
제 잎 넓은 삶을 언제
저 작은 새에게 돌려주어야 하는 것일까요
새가 날아갑니다
마른 열매 하나가 탁구공만한 정적을 내게 선물하
는군요

자본주의의 밤

저 불빛 나무에 대해 이야기해 보게.

정원사가 가지를 잘라 삼각형으로 만든
아름다운 밤의 나무.
9십9만 개 빨갛고 노란 장식용 전구가 깜박이는
나무.

자, 이야기해 보게. 이 축복의 밤에
창문용 방풍비닐을 사러온 자네.
미납된 건강보험료와 바닥난 보일러 기름 걱정 잠
시 내려놓고

저 화려한 전야에 대해 이야기해 보게.

술집과 나이트클럽이 미어터지는
축제의 밤.
온몸을 내던져 가르쳐준 사랑 대신
사치와 향락이 넘치는 거리, 상업주의만 빛나는
은총의 밤.

자네 삶에도

배한봉
경남 함안 출생. 1998년 『현대시』 등단. 시집으로 『흑조』 『우포늪 왁새』 『악기점』 외.

오색별과 딸랑 종,

내리지 않는 눈 대신 주먹만 한 솜뭉치를 장식하고 싶은가.

칭칭 감아놓은 비닐 반짝이가 바람을 희롱하며 버석거려.

언짢은 마음이 있다면, 밤의 신에게 털어놓게.

영혼도 없이
살찌는 밤의 육체.
비만한 욕망이 번쩍거리는 황홀한 밤의 육체.

두루마리

너의 그림과 나의 그림을 두루루 말면
두루마리가 되지
두 마리가 한 마리가 되지
한 통속이 되어
집요하게
비밀문서를 집필하기 시작하지

온몸이 필기구이지
벼루이고 공책이고 물감이지
도대체 너의 항목과 나의 차례에 대해선
생각할 겨를이 없지
두루마리를 펼치면
구불텅구불텅 독 묻은 활자가 몽골초원을 가로질러
올리브향 대륙을 건너뛰지

황금 나침반의 바늘은 세계의 꽃나무를 향해 있고
두루마리의 역사는 새로운 기록들로 넘쳐나지
투두둑
브라우스 단추가 뜯기면서
리본으로 조인 두루마리 가슴이 헤쳐지면서
한 바구니 가득

김영미
부산 출생. 1998년 『시와사상』 등단. 시집 『비가 온다』 『두부』

비밀문서들이 붉은 삐라를 뿌리기 시작하지

하늘의 별자리판과 땅의 지형도를
두루루 말면
천지조화가 일어나지 꽃이 피기 시작하고
바람이 불기 시작하고 두루마리는 소용돌이를 집필하지
회오리를 일으키지

두루마리 문서의 필력은 끝이 없지

카라

그대는 울고 있는 게 아니다.
단지 태양을 보지 못했을 뿐.
그러한 밤들이 지나고 있었다.
피해야 할 것들을 피하지 못하고
오들오들 떨고 있는 모습.
어떤 멋진 말을 해도
바보처럼 보이는 그 순간에
비 맞고 서 있는 그대의 흰 눈을 본다.
그러한 밤들이 지나자
그대는 웃었다.
방안까지 조용히 들어와
눈만 뜨면 바라볼 수 있게 웃었다.
너도 슬프다고 말해 주려다가
침묵했다.
느리고 느린 이별의 발.
말을 걸면 할 말이 너무 많아져
말없이 보내야 했던 밤.
나는 몰라도 꽃은 알 것 같았다.
검은 구름이 흘러가고
햇살이 눈동자에 와 닿는다.
그러한 밤들이 지나고 있었다.

이재훈
강원 영월 출생. 1998년 『현대시』 등단.
시집 『내 최초의 말이 사는 부족에 관한 보고서』. ipoet@hanmail.net

강문숙

경북 안동 출생. 1991년 「매일신문 신춘문예」 시 당선. 1993년 「작가세계」 신인상 당선.
시집 「잠그는 것들의 방향은」 「탁자위의 사막」 「따뜻한 종이컵」 외. 대구시인협회상 수상.

청동우물

할아버지의 할아버지가 그의 아내와 지나간다.
댕기머리 아들이 천자문을 끼고 지나간다.
헛기침하며 교자 탄 나으리가 지나가고
농사꾼 방물장수 유기전의 사내들이 떠들며 지나간다.
쪽진 머리의 그의 아낙들 젖통을 흔들며 지나간 뒤
소와 말, 돼지와 홰를 치던 닭들이, 쥐새끼들이 지나갔으리.

천체박물관 전시실 안, 앙부일영仰俯日影* 청동의 육중한 원을 따라 하염없이 감겼다가 풀리는 소리들이 있다. 웅웅거리며, 무수한 결을 따라 돌다가 전시실을 가득 채운다. 그 소리는 푸르다.

기록되지 않은 역사란 때로, 소리가 되어 떠돌기도 하는 것인지, 저 깊은 시간의 우물 속을 들여다보노라니 머리끝이 쭈뼛해진다. 사소한 기억까지도 담고 있는 청동 우물.

손바닥을 대어보니, 사라진 것들이 속속 돌아와 울음 섞인 노래를 풀어놓는다. 자꾸 슬픔 쪽으로 기울어지며, 무중력의 그 속으로 빨려 들어가던 나는 문득, 어디서 왔는지 한 점 서러운 꽃잎이 떨어지는 걸 본다.

비와 바람과 햇빛들이 일렁이는 심연에서, 이윽고 아득하고도 맑은 종소리 울려나온다. 어느 사원인들 저토록 깊을 수 있을까.

오랫동안 둥근달을 발효시키고 있던 청동우물 속이 환해진다.

---

* 앙부일영仰俯日影 – 세종 때의 해시계, 저자거리에 놓아두고 지나가는 사람마다 볼 수 있게 함.

엄벙덤벙 꿈사냥꾼은 말했다

김영찬

충남 연기 출생. 『문학마당』(2002년)과 격월간 『정신과표현』(2003년)에 지면을 얻어 문단활동 시작. 시집 『불멸을 힐끗 쳐다보다』『투투섬에 안 간 이유』. 현재 『시와 표현』 편집위원

내 필생의 아득한 꿈이란 어리바리 꿈사냥꾼으로
어영부영 풀풀 푸석푸석~
도처를 떠도는 것

엄벙덤벙 꿈사냥꾼은 뭇 누이들의 낯익은 오라버니
구름과 바람의 어쭙잖은 친구지만
간다르바gandharva, 건달바[乾闥婆] 지지리도
못난 건달패로 떠돌 팔자
역맛살이 껴서
천덕꾸러기의 일생 바람기나 싣고 그렇지만 끝끝내
꿈사냥꾼의 품위를 지키는 것
그렇다손 치더라도
이도 저도 뜻대로 안 풀리거나 대강 뚱땅
잘 나간다하더라도
사냥터 바깥으로도 틀림없이 나돌게 되는 날
(그게 빤한 내 팔자라서),

못 이기는 척 하나마나보나마나(주)/그게그거지
(주) 대기업의 푼수회장으로
어쭙잖게 취임하거나
일급 유흥가 《미침미허 클럽》창업자가 되어

철딱서니라곤 귀때기 잘려나간 애송이 삐끼가 되어
주야장천 호객행위로 세상을 휘젓는 것

영역하면(인터내셔널 randy 꿈사냥꾼이 가야할 길이니까)
I wish I could sct up a 〈No/matter/what-to-do/what so ever/
Don't Care Ltd.〉
Then I gonna be a chairman of The Que-Sera society.
Or manager of Mee-Chim Mie-Hur Club in this world.

케세라 세라, 세라Que-Sera, sera~라고?
이봐, 나 좀 잠깐만
옆구리에 군살 박히는 허튼소리나 꺼끌꺼끌 꿈밖으로 내뱉으면 밀세에
쪽비기지 뒤집히는 길운이 터질 거라는 얘긴가…,
끌끌끌 끌끌 입방아를 찧거나 말거나
귀에 못 박히는 말씀 복통 날 지경이지만
똥구멍으로 바람 빠져나가 뱃가죽 푹 꺼지는 날까지

나는, 나는 거침없이 황야로 광장으로
한량으로나 나대다가

자갈구름 밭에 엉덩방아를 찧게 될 어리바리 꿈사냥꾼!

물빛

내 마음은, 논두렁 옆을 졸졸졸 흐르다 일언반구도 없이 땅 속 스며들어

멀리서 맥없이 휘청거리는 나무의 발가락을 간질이거나, 당신의 흙 묻은 발꿈치를 툭툭 건드리거나

천길 벼랑으로 고꾸라지는 맹목盲目의 물새 되어

화악, 네 정수리에 날아가 꽂히는 것!

박완호

199-년 『동서문학』 등단. 시집 『내 안의 흔들림』 『염소의 허기가 세상을 흔든다』 『아내의 문신』 『물의 낯에 지문을 새기는』. parkwanho@hanmail.net

3

장하빈 | 물수제비뜨는 저녁
이무열 | 묵국수를 먹다
김동원 | 오십천
황명자 | 전생을 보다
정이랑 | 귀뚜라미가 운다
윤성택 | 붐비는 공중
조정인 | 장미와 바람은 다 어떻게 보존되나
최재영 | 목련, 色을 쓰다
황혜경 | 모호한 가방
이원규 | 독거獨居
손현숙 | 너는 묵묵하고 나는 새파랗다
이정섭 | 발렌타인데이
이정모 | 가만히
송진권 | 가죽나무가 있던 집
임새성 | 허릴 숙이고 엉덩이는 들고 가랑이 사이
저 먼 델 어질어질 쳐다보는 버릇 아직 여전합니다만,
유미애 | 뱀가죽 부츠
주영헌 | 와글거리는 시간
김다호 | 흔적
조성순 | 고등어
장상관 | 모항
곽향련 | 의자의 슬픔
박영기 | 해괴한 초상
최연수 | 엄마는 외계인
김재홍 | 틈
고명자 | 불꽃놀이
손미 | 마트로시카
유지소 | 나의 애인은
김남호 | 모닝케어
성섬 | 꽃뜻
한미영 | 즐거운 밥상
박은정 | 신비주의자들
박우담 | 구름 병동
이영혜 | 청동거울의 노래
강서완 | 속도의 식욕
김별 | 冬至

[초대시인] 시선

물수제비뜨는 저녁

저무는 못가 왕버들 아래서 물수제비떴다
산그늘 내려앉은 못 저편으로
동글납작한 돌멩이 힘차게 던지는 순간
담방담방 건너뛰는 물수제비

그대는 물총새 되어 물가를 이리저리 날아다니고

어쩌다 혼자인 날은
호주머니 속 동전을 수면 위로 미끄러뜨렸다
하나, 둘, 셋, 넷…… 물단추 풀어지면서
물속에 잠긴 달의 가슴 봉긋이 드러났다

못가 자투리땅에 유채꽃 자지러지는 봄밤

장하빈

경북 김천 출생. 997년 『시와시학』으로 등단. 시집 『비, 혹은 얼룩말』. jhabin@hanmail.net

이무열
대구 출생. 1997년 『매일신춘문예』 동화 당선. 2010년 『유심』 등단.

묵국수를 먹다

강원도에 백 년 만에 폭설 내린 날
질척거리는 불로시장을 어슬렁거렸다.
식욕에도 무장 눈발 어룽진 얼룩 같은 것이 있다면
더러는 위로 받고 싶은 허기진 시간도 있어
묵밥, 묵국수 팝니다 허름한 현수막 펄럭이던 집에는
마지막 끼닛거리처럼 식탁이 달랑 두 개 뿐
주인 할아버지는 메밀 솥을 주걱으로 연신 휘젓고
묵 써는 할머니의 등은 해거리 비탈밭처럼 꾸부정한데
답답하고도 설운 심사 달래듯
김치를 얹은 묵국수에 꾸역꾸역 고개를 처박았다.
10년 넘게 꾸려온 상가를 권리금은커녕 유익비도 없이
무조건 비우라는 집주인의 건물인도 청구에
오늘은 어쩔 수 없는 답변서를 작성해야겠다.
애꿎은 송사에 변호사도 사지 못한 자에게
때로 산다는 건 쓸쓸한 식탐처럼 자꾸 목이 메는 것이라서
귀때기 파랗게 질리는 난전 시장통을 돌아

지지눌러온 분노와 용서 사이
봉두난발로 분분한 눈길을 하염없이 걸었다.

김동원

경북 영덕 출생. 1994년 『문학세계』 등단. 시집 『시가 걸리는 저녁 풍경』, 『구멍』, 『처녀와 바다』, 『우리 나라 연못 속 친구들』.

오십천

어릴 적 난 홀어머니와 함께, 강가 백로 외발로 선 오십천 천변에 핀 복사꽃 꽃구경을 갔다 봄 버들 아래 은어 떼 흰 배를 뒤집고, 물결이 흔들려 뒤척이면 붉은 꽃개울이 생기던, 그 화사한 복사꽃을 처음 보았다 젊은 내 어머니처럼 향기도 곱던 그 복사꽃이 어찌나 좋던지, 그만 깜박 홀려 버렸다 얼마나 시간이 흘렀을까, 갓 서른이 넘은 어머닌 울고 계셨다 내 작은 손을 꼭 쥔 채, 부르르 부르르 떨고 계셨다 그 한낮의 막막한 꽃빛의 어지러움, 난 그 후로 꽃을 만지면 손에 확 불길이 붙는 착각이 왔다

어느새 몸은 바뀌고, 그 옛날 쪽빛 하늘 위엔 흰구름덩이만 서서, 과수원 언덕을 내려다본다 새로 벙근 꽃가지 사이로 한껏 신나 뛰어다니는 저 애들과 아내를, 마치 꿈꾸듯 내려다본다

* 오십천은 청송 주왕산에서 발원해 영덕읍을 가로질러 강구항으로 흘러듦.

전생을 보다

거북이 등에 덥석 올라타는 꿈을 꿨다

수사슴과 여인의 정사 장면이 담긴
몽고 암각화를 본 순간,
거북이 등에 올랐을 때의 감촉이
꿈틀꿈틀 되살아난다

수사슴의 긴 성기가
거대한 곤충의 더듬이처럼
몸 밖을 나와서
흘레붙듯
여인의 가랑이 안에 숨겨져 있다

온몸은 부풀어
물풍선처럼 출렁대고
나도 모르게
달콤한 사랑에 빠져드는

황명자
경북 영양 출생. 1989년 월간 『문학정신』. 시집 『귀단지』 『절대고수』.

귀뚜라미가 운다

정이랑

경북 의성 출생. 1997년 『문학사상』 등단. 시집 『떡갈나무 잎들이 길을 흔들고』

칭얼거리는 아이를 막 재워놓고
숨 돌리려 할 때 귀뚜르르 뚜르르 뚜르르
창문 넘어 어둠의 무더기 후벼 파는 소리
낮에는 발자국 소리조차 없더니 밤만 되면
귀뚜라미 귀뚜르르 뚜르르 뚜르르

콘크리트벽 사이를 뚫고나와 목숨 이어가는
풀잎, 그 위에 잠들지 않고 칭얼거리던 아이처럼
목쉬도록 알아듣지도 못하는 내게
귀뚜라미 무슨 말이 하고 싶은 것이냐

별들을 휘어잡고 있는 밤하늘
아직 건너지 못한 저편의 길
귀뚜라미 그 길을 달려온 걸까

시간을 밀고 이 세상에 태어나
몇 사람에게 울음을 심어주었을까
단 한 사람의 가슴도 울리지 못한 나
내 가슴에 울음 심어주는 귀뚜라미

붐비는 공중

윤성택
충남 보령 출생. 2001년 『문학사상』 등단. 시집 『리트머스』

밀봉된 엘리베이터에 올라 숫자판을 누른다
스위치 윤곽이 희미하다 비석처럼
얼마나 많은 습관이 새겨진 것인지
닳아가는 과거 같은 어떤 기판에선
생이 오래 기념되기도 하지만,
먹구름 구르릉거리는 수직통로를 따라
전주인의 고지서처럼 낯선 누군가도
얼마간 지문을 남겼을 것이다

지붕 없이 창문만 내 것인 볕은 방향이 바뀌고
벽지에도 서서히 금이 생기는
이 아파트에서는 시간도 비틀려 휜다
먼 생의 손끝이 부르는 시공간이 층층이 열린다
그러나 지금은
바람의 심폐가 계단을 깊게 들이마시는 저녁,

한 평 공간 속에서 몸이 솟구치는 동안
거울 안에는 노인이었다가 아이였다가 나였다가
타인이거나 근친인 외면外面이 겹친다
밤마다 가방은 택배처럼 귀가하고
TV는 통속이 머금은 얼굴에 빛을 뿜는다

소음 번지는 콘크리트를 올려다보며
어떤 이들은 박힌 못처럼 잠들지 못하고
가만히 허공에 떠 살다갈 이력들,
사람을 길어 올려 조금 더 밝아지는 창문처럼
사십 미터 높이 불빛이 붐비는 무덤이 있다

장미와 바람은 다 어떻게 보존되나

조정인

1988 『창작과 비평』 등단. 시집 『그리움이라는 짐승이 사는 움막』, 동시집 『새가 되고 싶은 양파』

이쪽과 저쪽, 사이의 엔트로피 성탄절유리공은 소금알갱이만한 흰 별들로 바스락거리지 그간 당신 지붕위에 뜨던 별들을 모아봤어: 시간이 장전된 구球

당신이 꿈속에 두고 간 선홍빛 장미가 말을 걸어오면 당신을 선별하는 귀, 센서에 불이 들어와 그 목소리, 벌판을 적시는 소나기를 이끌고 팜파, 팜파, 부서진 바람조각을 몰고 온몸을 건너가 전지: 내 몸엔 당신을 듣는 잎사귀가 너무 많아 자고 일어나면 가위가 필요해

시야 가득 지펴지는 말들의 불꽃으로 치르는 내 고유한 화형식: 손끝을 빠져나가는 그림자를 지면으로 흘리며 나는 묻지 기록이 흘리는 검은 피, 쓴다는 일은 어디서 오며 정처는 어디인가

나는: 숨 쉬는 진흙덩이, 욕망이라는 사과 한 개, 필연을 품고 날아가는 화살 한 촉, 죽은 자들이 필자인 기나긴 연재, 태어나지 못한 메아리들의 무덤, 탄흔으로 얼룩진 성전 내벽에 걸린 인류의 파편, 한 뭉치 열패감 그리고 구토, 그 모든 무질서의 총체

허공에 붐비는 꿈: 오후엔 의자를 고쳐 앉지, 내게는 젖은 눈시울인 듯 금시 붉어지는 창문이 있어 노을 뒤편은 카운트다운을 기다리는 심장들, 영문도 모른 채 장밋빛 기척을 받아 들고 상기됐을 꿈들이 동공 가득 어리네, 푸른 산열매에서 빛의 난반사가 뛰노는 백양나무 잎사귀 노루 사슴 삵 은빛 치어 떼에 이르기 까지

쓰는 일의 정체를 손이 알고 있겠니? 진실은 토끼 발자국 같은 것 그곳에 토끼는 없단다, 한밤중 얼굴 없는 목소리가 내게 이르지 나는 그의 추종자 그의 그림자를 받아 마시지 죽죽, 검은 죽 같은, 돌이킬 수 없이

목련, 色을 쓰다

백목련 환하게 들어서는 봄의 입구
그의 몸이 한그루 유곽이네
몇 날 며칠 산적같은 사내를 들이는지
어느 새 바람 한 점씩 부풀어가네
몸 안의 등불을 켜들고
色을 다 쓰고 나서야
한 무리의 봄이 시끌벅적 건너갈 것이네
가슴 데이지 않고서는
제대로 된 청춘을 피울 수 없는 것
돌아보니 격정적인 생애였네
애초부터 꽃이었던 게 어디 있는가
있는대로 향기를 질러대느라
잎보다 꽃을 먼저 피우고
속절없이 통증 한 잎씩 커가는 중이네
난봉꾼 분탕질에 딱 걸려
유난히 굼뜨게 계절을 넘기고 있네
아예 문 걸이 잠그고 들어앉았네
온통 흰 모가지 길게 빼들고
봄의 한복판으로 뚝뚝
色을 다 부리고 있네

최재영
『한라일보』, 『강원일보』, 『대전일보』 신춘 등단

황혜경
인천 출생. 2010년 『문학과 사회』 등단.

모호한 가방

지구본을 옆구리에 끼고 수선집에 가던 길에서
명랑한 만세를 외치던 내 친구 붉은 치마를 만났다
수심 없는 얼굴에는 가든에 가둔 가득처럼
종種이 다른 꽃들 화려하게 피어났다
붉은 치마의 서랍 안으로 착지하는 새들과 정지하는 말들

수선집 아줌마가 바지로 가방을 만들어준다고 했을 때
떠오르던 실내
뒤집어도 볕이 들지 않던 실내
안을 떠올린 건 그날 뿐만은 아니었다
헌책방 구석에 앉아 누군가 그어놓은 붉은 밑줄을 읽다가
애인여기愛人如己를 발음할 때도
서랍 안의 얼굴들 서로서로 겹쳐 보였다
남을 내 몸같이 깊이 사랑한 적 있었나
쌍둥이자리는 질투를 배제하는 별자리라는 걸
비서 아가씨 K가 내 좁은 서랍을 뒤져 읽어주던 그날 오후
눈을 돌려 바라본 밖의 문양들은

뒤늦게 누가 누구를 감싸주는 형태였고

수선집 아줌마는 바지의 앞면과 뒷면을 잘라내고 붙여
겉과 겉을 맞대거나 속과 속을 이어 붙여
바지의 겉과 속으로
가방의 안과 밖을 만들기 위해 바느질을 시작하고
나는 그 곁에서 외부와 내부에 대해 생각한다
외부에 의해 내부가 내부에 의해 외부가 결정되는 일은
쉽게 드러나지는 않는 법

그러므로 이후의 모든 생일에 출생할 나는 방 안에서
부고訃告란을 맡아 쓰는 아저씨와 밤새 안과 밖의
사람의 붉은 부위에 대해 이야기를 할 것이고
또, 잘린 케이크와 시든 꽃 사이로 핏물인지 꽃물인지
얼룩진 치마를 입고 한 아이가 뛰어 들어오다가 밖으로 사라질 것이고

바지의 외부의 바지의 내부의 외부의 내부의 바지에 의해
가방이 완성될 때까지
나는 외부의 내부의 외부의 내부의…… 를 반복하다가
어려운 가방에 무심코
옆구리에 끼고 있던 지구본을 슬쩍 넣어본다
무엇이 무엇을 감싸고 무엇이 무엇을 담는지
확인하는 일은 중요하지 않으니까
주위가 깜깜해지고 곧 밝아오기도 하니까
상호적인 것들은 모호하기도 하니까
안과 밖의 배후를 갖게 된 가방
수선집 아줌마가 바지로 만들어준 모호한 가방을
나는 하나 갖게 되었다

독거獨居

남들 출근할 때 섬진강 청둥오리 떼와 더불어
물수제비를 날린다.
남들 머리
싸매고 일할 때 낮잠을 자다 지겨우면
선유동 계곡에 들어가 탁족을 한다.
미안하지만 남들 바삐 출장 갈 때 오토바이를 타고
전국 일주를 하고,
정말이지 미안하지만 남들 야근할 때 대나무 평상
모기장 속에서 촛불을 켜놓고 작설차를 마시고,
남들 일 중독에 빠져 있을 때 나는 일 없어 심심한 시를 쓴다.
가끔 굶거나 조금 외로워하는 것일 뿐, 사실은 하나도
미안하지 않지만 내게 일이 있다면 그것은 노는 것이다.
일하는 것이 곧 죄일 때 그저 노는 것은 얼마나 정당한가!
스스로 위로하며 자학하며 섬진강 산 그림자 위로
다시 물수제비를 날린다.
이미 젖은 돌은 더 이상 젖지 않는다.

이원규

경북 문경 출생. 1984년 『월간문학』, 1989년 『실천문학』으로 등단. 시집 『강물도 목이 마르다』, 『옛 애인의 집』, 『돌아보면 그가 있다』, 『빨치산 편지』, 산문집 『지리산 편지』, 『길을 지우며 길을 걷다』 등.

너는 묵묵하고 나는 새파랗다

폭설이다 하늘과 바람 한통속이다 발자국들 흔적 없다 여기서부터 냄새를 좇아 길 찾아가야 한다 점령군처럼 쏟아지는 눈, 침묵이 삼엄하다

허공의 눈꽃은 지독한 환영이다

눈 속으로 발 빠뜨리며 하룻재 넘어간다 오색딱따구리 나무구멍 파는 소리, 그 허방 속에 나를 묻었다 눈 젊어진 나뭇가지 딱, 부러진다 어디 가서 내 울음을 길어 와야 하나,

겨울 다음에 봄이라 생각했던 것은 잘못이다 망각이 꽃을 불러 오는 거다

목젖을 밀어 올리며 침이 마른다 넘어지지 않으려고 무릎 꺾는 동안 세상의 모든 소리는 바람이 되었다 걷다보면 사랑도 뜨거운 허기, 몸 풀리는 얼음산 발가락 가렵겠다

손현숙
서울 출생. 1999년 『현대시학』 등단. 토지문학제 '평사리문학상' 수상.

발렌타인데이

이정섭

대전 출생. 2005년 『문학마당』 등단. 시집 『유령들』

오늘 밤에는 발가락을 세어볼까요 안대를 한 한낮을 걸어 도착한 지하에는 절름발이 저수지 눅눅한 계단을 내려가 문을 열면 익숙하게 몸을 감싸는 달의 백성들 가시지 않는 붓기가 거슬려서요 휘파람을 불어요 술래가 된 누나는 모두들 숨어 버린 정글의 식도를 헤매며 울고 있어요 새빨간 퓨마의 식욕이 날씬한 나이키의 이빨이 사지 늘어진 가로등의 숨통을 물고 지나가는 골목길 덜컹대는 창문 틈으로 누나는 어둑어둑한 발바닥을 자꾸 훔쳐보네요 아킬레스의 튼튼한 초콜릿을 떼어낼 면도날은 숨죽여서요 촛불을 켜요 눈깔사탕만 한 덩치를 가진 요정이 꿈속에서 말 거는 일 잦아졌어요 버섯긴 꿈길마다 시럽처럼 달라붙는 고름을 털어내구요 요정의 향수로 목욕하는 일 즐거웠어요 착각일까요 울음을 업고 누나는 새 소꿉을 차렸어요 어깨끈 끊어진 종이옷이 자주 발목까지 흘러내려서요 어두운 백지에 그려진 지도를 뒤지곤 해요 산티아고 리마 부에노스아이레스 동화 속 마왕의 궁전보다 먼 서울 서울 서울 오늘 밤 발가락을 세어볼까요 초인종 없는 저수지 앞에서 나는 누나를 불러요 아무도 눈치 채지 못하게 부르튼 발가락을 하나하나 세지요 산발한 우리가 건너야

할 계단은 여전히 청춘인데요 오돌토돌한 소꿉 사이로 맨드라미의 길 되짚어 아무도 보지 못하게 아무도 듣지 못하게 휘파람을 불어요 반 지하 저수지는 곧 증발하겠죠 누나는 벌써 푹신한 안개를 덮고 잠들었어요 마왕의 궁전 부근 비탈에는 요정의 목소리 포근하구요 푸른 밤의 기척을 살펴 면도날은 꽃을 피워요 날을 세워요 요정의 침샘은 참 아늑한데요 달의 백성들마저 외면하는 오늘 밤에는 길 잃은 발가락을 세어볼까요 가늘게 떨고 있는 모가지의 흉터도 헤아릴까요 내 후각은 이미 신선한 피에 중독됐으니까요

가만히

퇴락한 초가 마당에 얼굴 없는 인형 하나

바람의 설법을 몸통으로 듣고 있다 흔들흔들 몸으로만 깨우치는 와불, 없는 입은 성불한 모양이다 붙어 있어야 할 틈이 헐거워진 이유 한 두마디 슬쩍 흘리는 것도 같고

그녀는 지금 시간을 금식한다

더 이상 잃을 게 없는 이대로가 좋다고 배달된 오후를 가만히 풀어놓고 쏟아져 나온 햇살에 반짝이기만 한다 마당에 적막 한 채 들어 앉히니 속이 참 편하다

이정모
2007년 『심상』 등단. 시집 『제 몸이 통로다』

송진권

충북 옥천 출생. 2004년 「창비」 등단.

가죽나무가 있던 집

오려진 종이나비들 빨강 하양 종이꽃 위를 날아가네요 하늘엔 먹구름 가득하고 땅엔 누린내 자욱하고 눈코입 모두 뭉개져 흘러내리는 얼굴들 화톳불에 제 그림자를 던져 넣네요 대잡이는 눈을 뒤집고 쓰러지고 가죽나무 끝에 검은 새 한 마리 머릴 곧추세우고 우네요 가죽나무 붉은 물은 철철 흐르고 나는 자꾸 어디로 가네요 걸음을 뗄 때마다 종이나비들 바스러지고 입엔 단내 온몸 불덩어리 지니고 온 몸을 두고 자꾸 어디로 나는 가네요 이제 저기만 넘으면 다 왔다고 저 물만 넘어가면 다 왔다고 그러네요 무슨 일이 있어도 뒤를 보지마라 방울소리를 따라 해찰하지 말고 어여어여 너 갈 데로 가거라 나는 울고 가는데 누가 뒤에서 나를 부르네요 중천에다 앙큼하게 그어진 달을 기워놓고 솜솜 별들도 박아놓은 채 그가 나를 붙드네요 나랑 하냥 살자 여기서 나랑 같이 살자 천 개의 눈을 뜨며 가죽나무 잎잎이 갈피갈피 나부대네요

허릴 숙이고 엉덩이는 들고 가랑이 사이 저 먼 델 어질어질 쳐다보는 버릇 아직 여전합니다만,

임재정

충남 연기 출생. 2009년 진주가을문예 대상. 「다층」 동인.

행여 흩날릴까 영 조심스런 예닐곱쯤입니다만. 그즈음 논다랭이가 엎치락뒤치락 산입네 논입네 저 아래 민둥치을 향해 기울던 등턱골에서 땡볕이나 뒤지며 놀던, 나는 들꿩이었더랬습니다. 두어 살 아래 사촌과 도마뱀을 쫓다보면 찔레순 아래, 찔레순 꺾노라면 샛도랑에 냉큼 잇닿아버려서, 돌 헤집어 가재나 쫓곤 했지요. 둑 너머로는 어허-이 허-어이 찰방대는 물논에 메김소리 따라 못줄이 뜨고, 엄마 아버지도 작은 집 식구도 동네사람들도 물 오른 아랫도릴 꽂자커니 모를 심자커니 왁자했지요. 늘 맑지만은 않은 기억의 날씨라서 써레를 끌던 누렁소가 쇠뜨기 섶을 뜯었는지는 가물가물한데요. 이도저도 심드렁하면 돌 밑에 고들고들 매달린 거머리를 풀모감지에 꿰어 속내째 뒤집어보곤 했습니다. 어쩔 양으로 밑 빠진 강장의 생을 들쑤셨는지는 딱 꼬집을 수 없다지만요, 다들 한 군데쯤은 밑 빠져버린 걸 그예 확인하고 싶어서 그 시절, 가문 날 우묵한 발자국에 골린 올챙이들처럼 꼬물거리며 바구니든 독이든 사랑방에서든 기대어 완벽했더랬습니다. 때 절고 얼룩슬고 말쿠지도 두어 개 박힌 흙벽쯤에서 사람들은 호롱불의 힘으로 눕고 일어났습니다만, 그 밑 빠진

데는 그런 까닭에 허릴 숙이고 엉덩이는 들어야 보입니다만.

뱀가죽 부츠

누군가 내 멱살을 끌고 가 구둣방 한 쪽에 던졌다
저녁의 잇몸 사이로 진분홍 향기가 빠져 나가고
별빛 아래 춤 추던 정강이의 음률이 사라지고

구두공은 반짝이는 에나멜 구두에 홀려
신과의 서약에 쓰인 내 발굽을 고쳐놓지 않았다
밤새 오두막 굴뚝 위로 피리 소리가 들려왔다
나는 딸기 맛이 배인 발자국을 벗겨 냄새를 맡았다

질질, 또 누군가 끌고 가 길 가운데 세웠다
구름 계단이 흔들리는 골목을 지나 까치산 비탈로
베르네 천변으로 긴 그림자를 끌고 가는
나는 게으름뱅이 구두공의 연인

그만, 울지 마라 붉은 목젖

무심한 구두공은 푸른 이무기가 품었다는 꽃신을
메고
시장 거리로 나간 뒤 돌아오지 않고
승천할 듯 내 발은 몇 번이고 허물을 벗었지만

유미애
경북 문경 출생. 2004년 「시인세계」 등단.

다시 꽃 피지 말아라

사랑할 땐 온 몸이 자궁이 되어 애인을 친친 감는
이 발칙한 모가지

와글거리는 시간

가로등 주위에 웬 씨앗들이 와글거린다.
우수수 떨어진 검은 씨앗들의 눈
붉게도 아닌 뜨겁게 달궈진 燈꽃 밑
씨앗들이 날개를 접고 있어 가볍다
땅으로 옮겨 심지도 못한 저 부러진 날개는 무엇이 되었을까
날개 없는 것들의 동경이
바람을 만들었다는 이국의 書에
와글와글 적혀 있던 검은 씨앗들이 생각난다
그 씨앗 누군가의 눈에 따끔, 잡티라도 되었을 것이다

수 만 마리의 저녁이 몰려들고 있는 환한 가로등 밑
문장에서 빠진 모음 하나가
소리를 우르르 무너트리고 있는 것처럼
목이 부러져 버린 백열전구가
난김한 이름을 불러 모으고 있는 저녁

저 능소화 눈을 멀게 할 향기만 빈 나무에 흘려보내고 있다

주영헌
충북 보은 출생. 2009년 『시인시각』 등단.

사람의 눈으로 들어온 향기가
눈을 멀게 할 수도 있다는 얘기는 듣지 못했다
눈물의 효과는 바람 한번 불었을 때의 시차보다도
짧게 고인다.
날 벌래 한 마리가 눈 속을
헤집고 돌아다니고 있는 붉은 아침
저 쪽에서 불어온 것은 날개가 없는 바람이었다.

캄캄한 나무 밑
필라멘트가 다 끊어진 꽃들이 깨져 있다

흔적

터진 등짝을 기대고 서있다
오래 떠돌다 돌아온 자식을 쓰다듬듯 이파리 흔들린다
상처도 나이를 먹는지
부러진 이빨을 악물 듯 파인 자리를 움켜 쥔
나무의 밑둥이 시커멓다
상처를 돌보는 물관들의 미세한 흐느낌이
꺾이고 터진 몸을 휘돌아
새싹인 양 솟는다
말없는 세월도 세상의 이력이 되듯이
옹이도 서서히 커진다
그래도 감출 수 없는 슬픔은 남는 법이어서
햇살 트이는 쪽으로 가지 무성하다
횡단보도를 마주보는 가로수가 앞 쪽으로 기울었다
날마다 떠나는
저 나무의 꿈을 아무도 막을 수 없으리.

김다호
1982년 도가니 문학을 통해 작품활동 시작. 시집 『경계에 서성이다』, 『말들이 고여 있다』

조성순

경북 예천 출생. 2008년 『문학나무』 등단.

고등어

고등어가 어머니를 업고 왔다.

흰 광목 차일이 하늘을 가리고
데리고 온 비릿한 갯내가 땅거미로 걸려있는 곳
비좁은 나무궤짝 속에 몸 비비며 누워있거나
큰 놈 작은 놈 생각 벗은, 몸을 서로 동무하여 새끼줄에 의지한 채

밥 짓고 난 잿불에 몸을 굴리기도 하고
옹관에 누워 불길 따라 몸 들썩이며 숨 쉬다가
둥근상에 오르는

바다가 먼 내륙에선
제삿날이나
귀한 손이라도 온 날
수평선 같은 푸른 등줄기가 눈에 띄었다.

–얼룩말처럼 줄무늬가 있는 놈은 노르웨이산이고,
–옅고 짙은 색이 선연한 놈이 우리나라 연근해산이라오.
비린내 앞치마가 귀엣말을 한다.

대처 나가 속 썩이는 아들 때문에
생긴 번민이 몸뚱이의 잿빛과 검은빛을 선택했을 것이다.
분단된 나라의 남과 북을 오르내리다가 허리춤에 금이 그어졌을 것이다.

큰 부잣집 주인이 고등어 껍질로 쌈 싸먹다 삼년 만에 망했다는
전설 같은 어머니의 말씀을 업고 오는

이제는
아내가 이어받아
바다 건너 제주도에 낚싯대를 놓기도 하고
구룡포에 주낙을 던지기도 하며
귀갓길 늦은 나를 낚시질 한다.

여보, 제주도에서 손님 오셨다우.
—여보, 구룡포에서 당신 엄니 오셨소.

머리 허연 파뿌리들 청와대 구경 왔다가
도마뱀 같은 열차타고 단풍놀이 갔다가

문득 그리워
밀폐된 비닐 팩에 담겨
나를 만나러 오시는
어머니

모항

장상관

경남 창녕 출생. 2008년 『문학.선』 등단.

억척으로 비질하는 등대
저 간절함으로 회항하던 등뼈가 있었다
목선 끌어다 젖줄을 물리고
계선줄 조율하던 家長
등짝에 핀 소금꽃을 따는 빗발 속
신열 끓는 항구를 전전했다

산-410 번지는 최후의 기항지
처마 끝 얼어붙은 비의 뿌리를 뽑던 누이
가녀린 팔이 축축한 연탄을 들면
해상크레인으로 불타는 태양을 하역하고 싶었다

작살에 꽂힌 난바다 내려다보면
덜컹거리는 창문에 붙박인 먼 불빛들
저 불빛 하나하나가 다 항구다
제상에 올릴 전 부치는 소리
지글지글 빗소리에 이은 가슴들이
촛대에 꽃분 심고 조아리는

장롱이 삐걱거리며 읽던 항해일지 갈피마다
뱃전을 채찍질하는 숨찬 항로

행간에 튀는 파랑이 음복술잔에 치솟으면
촉촉한 행성에서 반짝이던 아버지,
닻줄 둘러멘 어깨를 털고
지도에도 없는 항구의 질긴 인력 따라
선체를 소리 없이 이끌어간다

의자의 슬픔

의자가 기울어진다
앉았던 내가 일어서면 중심이 스르르 풀리며
뒷모습을 보이는 의자
어디가 잘못됐지?
다리를 잡고 고장 난 흔적을 찾아보지만 보이지 않는다
언젠가 내게서 등을 돌린 반점 같은 희미한 기억이 있지
그때, 내 등의 서늘함을 껴안느라 며칠 밤을 설쳤다
의자가 네 개의 다리로 앉아 있다는 것은 나의 착각
그것은 제 슬픔을 몸속으로 웅크린 모습일지도 모른다
언제나 내 서늘한 등을 껴안아 준 의자
등과 머리를 받쳐 주면서도 고통을 참고 있었을지도 모를 일
이제는 낡은 제 등을 한 번 보라고 내 등을 떠민다
온 종일 내 몸을 그에게 맡기고 앉아 밥을 먹고 휴식을 하는 동안
그는 늘 서서 일해야 하는
한낱 도구일 수밖에 없는 슬픔, 그 안에서
나는 늙어가고 있었다
그는 늘 나를 위해 삐걱삐걱 울었다

곽향련
경남 의령 출생. 제12회 공무원문예대전 시 부문 우수상, 제13회 공무원문예대전 시 부문 은상.

박영기

경남 하동 출생. 2007년 「시와사상」 등단.

해괴한 초상

내려가면 안 되고 오르기만 해야 해
홍옥과 감홍은 이쑤시개를 꽂아 높이 쌓아 올리고

지금 이 그림을 보고 그 시절로 돌아갈 수 있다는 게 아니야
그 시절 화가로서 좀 기발한 상상력을 발휘 했다는 거고

그때나 지금이나 물고문을 했다는 거고
호수에서 오리배를 타고 무언극을 했다는 건데

중요한 건 예나 지금이나
보는 눈이 있어야

이쑤시개 하나로 버텨 온 내력을 알 수 있다는 거지

예를 들어 밑그림에 포개어 있는 홍옥과 감홍이
서로 한 핏줄인 걸
안다고 하면, 모르는 척 하나 밟고 오르고
모른다 하면, 아는 척 또 하나 밟고 올라

맨 아래 누워 있는 고조모님 두개골을 슬그머니
빼내고
그 자리에 모르는 척 누워 내가
머릿돌이 됐다는 거지

최연수

2008년 『시정시학』 등단

엄마는 외계인
– 카프카論

엄마를 사러가요 베스킨라빈스 냉동고 속에 세 들어 사는 엄마 면회 시간은 짧아요 바다이야길 타고 사라진 아빠, 나랑 신나게 수다 떨던 오전 10시 햇살도 언제나처럼 내게 왔단 사라지고 시위 떠난 수십 통의 이력서가 차례로 과녁 벗어날 때면 외계인 엄마를 사지요 오늘도 가져보는 우리 짜릿한 만남

당신과 나 이별의 접점은 0도, 가까우면서도 오리무중 성애뿐인 당신 차갑고 달콤한 당신에게 길들여진 혓바닥이 할 수 있는 일이란 내 속 자꾸만 열꽃 피워 올리는 꽃봉오릴 주저앉히는 일 시방도 당신은 내 혀에 닿고 싶어 우주선 같은 국자에 올라탄 채 여점원의 손가락 깨물고 놓지 않지만 우리의 대화는 늘 N극과 S극처럼 어긋나지만 냉정한 당신 이글루의 지붕 눈과 얼음 사이 그 차가운 설레임 가로질러 내 입으로 건너오기까진 절대 헤픈 웃음 흘리지 마시압 아차!

자궁 같은 내 입에다 당신의 전부를 쏟아넣네요 오이디푸스왕이 눈 덮인 황야 지나 성에 돌아오듯* 긴 고독의 엄동설한 끝 나 뭉그러져 봄이면 채마 밭

꿈틀꿈틀 배추벌레라도 태어나고 싶지만… 내가 만지는 것은 모두 깡그리 뭉그러진다**

---

* 프란츠 카프카의 소설 (성)에서 빌려옴
** 프란츠 카프카 의 말 중에서

틈

김재홍

경남 마산 출생. 2003년 계간 「시의 나라」 등단. 시집 「가야산 호랑이」 「어느 詩낭송」.

숨 쉬며 걸어가는 순간순간을 헤집어보면
무수한 틈이 자리해 있다

햇살이 잘박하게 젖어가는 한낮 뒤로의 반짝거림
그러나
그 틈을 향한 돌문은 좀체 열리지 않는다

보도블록 사이로 떨고 있는 민들레의 꽃잎이 몇 개인지
헤아릴 수 있는 마음 없다면
시장 후미진 좌판에 펼쳐진 할머니의
하얗게 주름진 눈짓 읽어 낼 수 없다면
창공에 넌지시 던져진 속살 구름
마음속 화폭으로 슬쩍 옮길 수 없다면

틈은 한 치의 양보도 없이
찰나 속으로 사라져 버린다
열사熱沙의 가시 돋친 선인장 같은 목숨만이
서걱이는 모래바람의 혀로 길게 드리워질 뿐

내 몸의 구멍이란 구멍은 다 열어

느릿느릿, 더 천천히
몇 방울의 짠한 눈물로
세상으로의 연주를 시작할 때, 비로소
그 틈은 꽃을 피워 올릴 것이다

틈 속엔 생을 밝힐 비밀이 무수히 숨어있다

고명자
서울 출생. 2005년 『시와 정신』 등단.

불꽃놀이

첫 키스 같은 거 첫 남자 같은 거 첫 정 같은 거 하
늘에서 우수수수 쏟아지지 뭐야, 지금 남자와 눈길
이 마주쳐 웃음을 참으려했는데 그냥 팡팡 터져 나
오지 뭐야

루비 같은 거 사파이어 같은 거 마구마구 뿌려주
지 뭐야 옆의 남자가 끼워준 모조품 사랑 갈아치워
야지 입 더 크게 콧구멍 귓구멍 땀구멍까지 구멍이
란 구멍 죄다 열어버렸지 뭐야

삼십 초만 불타는 사랑 삼십 초만 뜨거운 입김 첫
실연 첫 불륜 같은 거 낯뜨겁게 쏟아지고 있잖아 천
번 만번 반짝반짝 맹세했잖아 어쩌자고 줄줄 흘리고
돌아 다녔는지 꽝꽝 울려 퍼지고 있잖아

쇼 윈도우에 호피무늬 스커트 같은 거 바람의 혓
바닥 같은 스카프 손바닥만한 석류빛 팬티 같은 거
샤넬 립스틱 같은 거 크렁크렁 달려오고 있잖아

첫 매화같이 눈 속에 혼자 핀 동백같이 지나친 다
음에야 발 동동 굴린 사랑 저기 저 밤하늘에 웃고 있
잖아 피식피식 꺼져가고 있잖아

마트로시카

손 미
2009년 『문학사상』 등단

그러니까 이제 우리가 살고 있는 물고기의 뱃속에 대해 이야기해 우리는
하나의 어미를 가졌으나 잃어버렸고, 물고기의 뱃속에 매달린
물방울의
위성의
뱃속에 대해 이야기해

(물고기의 얼굴은 물고기의 얼굴을 먹고 있네)

우리의 기도는 저, 살코기에 대롱대롱 붙어 있어 그러니 이제부터 아주
금속적으로 노래하자 너의 등에 고인 새의 성기性器가 더욱 딱딱해지게
가시를 열고 다른 뱃속으로 뛰어내릴 수 있게

나는 아침밥으로 삼키던 물고기의 등에 입술을 베었고 서로 다른 전파를
가진 물방울들은 그게 울음인지 모르고,
너와 나는 하나의 머리카락을 가졌었지만 잃어버렸지

(요즘, 자주 배꼽이 아파, 대체 여기 사는 건 누구니?)

네가 했던 말은 아직도
전달에
전달에
전달 중

그러니까 이제 우리가 이야기할 것은 물고기들의 접선 같은 것
그러나 오늘도 너와 나의 살 사이엔 어둠만 감지된 채 길 잃은 우주선
하나 날아오지 않지

나의 애인은

유지소

경북 상주 출생. 2002년 「시작」 등단. 시집 「제 4번 방」

나의 애인은
내 손바닥 안에 쏙 들어오는 돌멩이
산전수전 다 겪은 닳고 닳은 돌멩이
연못 속에 던져버리면 연꽃을 던져 올리고
바다 속에 던져버리면 바다를 업어주는 돌멩이
나의 애인은
피도 눈물도 없이
그저 돌멩이로 굴러다닌 돌멩이
나는 왜 하필이면 돌멩이를 사랑하나
해가 저물고 해가 뜨도록
나는 그이의 얼굴을 문지르고
그이는 자신의 영혼만 문지르네
나의 애인은
벌써 삼백삼십만 년째 늙어가는 돌멩이
늙어 갈수록
주름살이 없어지고
무거움이 없어지는 돌멩이
나는 왜 하필이면 돌멩이를 소망하나
그이는 나를 비리는 데 평생을 비치고
나는 그이를 따라가는 데 평생을 바치네

김남호

경남 하동 출생. 2005년 『시작』 등단. 시집 『링 위의 돼지』

모닝케어

갈라진 이 기침소리는 내 것이 아니야
이마의 신열도 내 것이 아니고
두통도 갈증도 울렁거림도 내 것이 아니야
어젯밤 술잔을 털어넣던 그 목구멍도
벌겋게 달아오르던 취기도
꼬부라진 혀와 어긋나던 대화와
비틀거리던 걸음걸이도 내 것이 아니야
전봇대 밑에서 흔들렸던 오줌줄기도
누런 토사물도 내 것이 아니야
너를 안았던 팔도 핥던 혀도
입술도 성기도 정액도 내 것이 아니야 어젯밤은
내 것이 아니야 나는 내 것이 아니야
이 고백도

꽃못

정 겸
경기 화성 출생. 2003년 「시를 사랑하는 사람들」 등단. 시집 「공무원」. jungsl@gg.go.kr

마룻대 상량문이 희미해진 봉선사* 운하당
대목장大木匠 정씨는 낡은 법당이나 요사채를 수선할 때마다
결 곧고 심지 굳은 나무못 만들었다
굵거나 가는, 길거나 짧은
나무못 수십 개가 가지런히 툇마루에서 햇볕 쬐고 있다

대들보와 서까래사이가 느슨해져 틈 벌어졌다
나무와 나무 잇댄 자리 홈을 내어
다시는 인연의 끈 놓지 말라고
나무못으로 옭죄며 접합시켰다

맞대고 의지하며 살아가는 세상
서로에게 아픔을 주지 말아야 한다고
같은 유전인자끼리 살을 섞어야
오래오래 버티며 살아갈 수 있다고 했다

'화중생련火中生蓮'
연꽃 축제가 한창인 사찰 앞 연蓮밭
이곳은 향기와 소리, 바람마저 묵언이다

초록빛 못들이 들쭉날쭉 무수히 박혀있고
정두釘頭에는 꽃등 하나씩 매달고 있다
서로가 서로를 아프지 않게 이어 주는 꽃못
하늘과 물과 땅을 단단히 묶어 놓고 있다

*남양주시 진접읍에 소재한 조계종 제25교구 본사

즐거운 밥상

한미영

경북 안동 출생. 2003년 『시인세계』 등단. 시집 『물방울무늬 원피스에 관한 기억』

집안에 항아리가 많다
다들 근육질 럭비선수들처럼 몸통이 불룩하다
장맛과 옹기맛이 동급이던 전성기에는 그들에게도
수비수든 공격수든 별 다른 자리가 있었다 한다
빈항아리는 포지션 없는 블라인드 사이드*로 치워지고
내용물은 고무바킹에 압사되어 냉장고로 옮겨진지 오래다
드러나지 않는 만성병처럼
야금야금 장맛이 떨어지고 있지만
아무도 쿼터백 같은 냉장고의 능력을 불신하지 않는다
주방에서는 연일
즐거운 밥상이 차려진다
식구들은 냉장고를 배경으로
주전을 꿰 차고 앉아 즉석 3분 요리를 즐긴다
내친김에 쓰면 뱉고 달면 삼키는 세상 입맛 속으로
냅다 돌진한다
곧 김치냉장고에 맞먹는 고액 된장냉장고를 영입해
저 항아리의 장맛과 정면승부를 겨루는 날이 오겠지만

한물간 항아리는 빈속에다 즐거운 밥상을 차려놓고
밤이고 낮이고 보이지 않는 입맛들을 기다릴 것이다
인스턴트에 매혹된 미각을 견제하며
주방구석을 지키는
저 투박하게 늙은 엄마들

* 럭비 경기에서 터치라인에 가장 가까운 좁은 지역을 가리키는 전문용어로 미식축구에서 쿼터백이 감지 못하는 사각지대를 뜻한다, 즉 다가올 위험의 잘 안 보이는 쪽.

신비주의자들

신비주의자들은 울었다 침묵을 발설하던 밤이 없었던들 우리는 이미 멸망했을 것이외다 바람이 불고 불현듯 빛이 사라진 창문들이여 우리는 어디로 가야 할까 예측할 수 없는 꿈은 낭자하고 새벽이면 젖은 눈의 벌레처럼 순수해지길 빌었으니 우리는 행여 보통의 무리가 되고 싶었는지 모른다 밤이 열리면 모든 죄가 비밀리에 성행하리라 또아리를 틀듯 매번 되살아나는 오늘 버려진 무덤가에서 네 몸을 탐하고 싶구나 너는 가녀린 혓바닥으로 매달리고 우리는 그 끝이 궁금한 죄인들 그러니까 신께서 당신에게 천대받던 아이들이 다시 태어날 때 쏟아지던 탄식들을 읽어 주셨으니 부모를 버리고 호랑이를 죽이고 풀리지 않는 문장을 저주하는 동안 비로소 떠올린 적 없던 이야기들을 시작할 수 있겠다 비가 내린다 우리는 말이 너무 많았구나 해독되지 못할 고해만 쏟아내던 날들을 용서받을 수 있을까 전갈에 물린 아이들의 발톱은 검게 자라고 순례는 시간의 이름으로만 남았다 수레바퀴를 돌리던 신비주의자들이 단두대에 올랐다 바람이 불자 입술이 사라진다 하얗게 질린 아이들이 구원을 번복하기 시작했다

박은정
부산 출생. 2011년 『시인세계』 등단.

박우담
진주 출생. 2004년 「시를 사랑하는 사람들」 등단.

구름 병동

둘둘 말린 구름이 수척해요
빨판을 가진 거머리가 꿈틀거리고 있어요
피를 빨아 올리는 거죠
갓 봉합한 혈관에서
불그스레 흘려내려요
서쪽의 시간은
살찐 거머리의 흡혈을 지나 생살이 돋아요
붕대에 가려진 내 몸의 뒷곁처럼
아직 봉합되지 못한
어제와 오늘이 이식되고 있어요

수술용 실밥인 양
나는 시간의 상처를 먹어치워요

청동거울의 노래

이영혜
서울대 치과대학원 졸업. 2008년 『불교문예』 등단. hident@nate.com

나, 얼마나 오래 잠 들었었나요
폐허가 된 진흙더미 속에서도
내 안에 숨 쉬던 당신은 지워지지 않고
금 간 가슴팍엔 절망이 수수백 번 얼었다 녹았지요

천 년만의 만남이었나요
안압지雁鴨池 연등 아래서 만난 당신
무엇인가 생각날 듯 말 듯 한참을 응시하다가
그냥 뒷모습이 되어버린 당신
목쉰 외침 들리지 않던가요

전장으로 말 달려간 화랑의 말방울소리를 기다리며
달빛 아래 탑을 돌던 소녀를 잊으셨나요
순금 허리띠를 두르고 금관을 쓴
연회장의 왕을 몰래 흠모하며
연꽃 만발한 월지月池 누각에서
비파를 타던 진골 여인을 잊으셨나요

연잎에 맺힌 푸른 물방울 끌이인고
천 년을 기다렸건만
다음 조우는 또 몇 생이 걸릴지 기약도 없건만

거울 속엔 그리움의 녹만 가득하고
도무지 나는, 당신에게 닿을 수가 없네요

하지만 내 슬픈 눈빛이 천 년 왕조의 보석임을
천 년을 달려온 별빛임을 기억해주세요
영겁의 기다림이면 어때요
언젠가 돌아올 당신 편히 들어앉을 수 있도록
말갛게 거울 닦아놓고
나, 다시 그 안에 당신만을 위한 연꽃을 피우렵니다

속도의 식욕

처마 끝 제비집에 침범한 구렁이는
세 마리의 새끼를 먹었고
나의 냉동고에는 쇠고기 육백 그램과
언 닭다리 한 봉지가 있어요

양식으로 불릴 때 사체는 신성하죠
석류 한 입 깨문 입처럼
진자리 모르는 붉은 꽃잎은
라라, 즐거워요

잘근잘근 부순 꽃의 살점이
나의 내장을 순례하네요
나는 날마다 너이고,
나를 먹은 너이고
나를 뒤쫓는 너를 먹는 거룩함에
라라, 속도가 붙어요

툰드라 유르트 위에
하루가 하루치의 피를 쏟을 때
아프리카 초원을 질주하는 어린 누의 공포는
KTX 속도로 내달리는 표범의 눈망울에
어찌하여 꽃으로 피어날까요

강서완
경기 안성 출생. 2008년 『애지』 등단.

김별
2010년 『시인시각』 등단

冬至

– 에서가 가로되 내가 죽게 되었으니 이 장자의 명분이 내게 무엇이 유익하리요 (창 25:32)

1
종일 눈싸움하다 돌아왔다
죽어라 내던진 눈덩이가 항상 되돌아오듯,
우리는 매일 저녁을 거르기로 했다
나는 한 조각 빵을 위해 미칠 수도 있는 남자
의 이름을 벌써 알고 있다 그러나 그 이름은
매일 아침마다 희망이 없는 표정으로
죽집에 들어선다 우리도 함께 들어서고,

2
바깥은 어느새 요란한 눈싸움판
팥죽 한 그릇 당신의 앞에다 두고
그때 우리는 함께 아침을 먹었네 다만
나는 당신만큼 꿋꿋하지는 못했으므로
가끔 새알심이 눈에 띄게 많거나, 부드러우면
속에 돌을 넣은 게 아닐까 불안했다네
당신이 누구라도 돌멩이를 숨기는 건 반칙
반칙의 결말은 레드카드와 퇴장이지만, 그러나
나는 그저 부끄러운 몸매의 당신을 곁에다 두고
시뻘건 팥죽을 함께 떠먹고 싶었을 뿐

3

우리는 도로에 나가 눈싸움을 하고 희망이 없는 눈싸움을 하고

이제는 가망 없는 존재들이 하나둘 거리에 출몰할 시간

온갖 가망 없는 것들이 아침식당 앞에 나타나

문을 계속 두드리는 배고픈 순간이 오리라, 하긴

눈 내린 차도 위에도 희망 없는 인생들은 적지 않아서

걸신들린 시간이 브레이크 없이 잘도 지나가고

우리가 던졌다가 되돌아온 눈덩이도 우리를 빠르게 비켜가고,

아침에 삼킨 새알심이 저녁이면 벌써 지구의 둘레를 돌지

진실로 낮과 밤이 뒤바뀔 것이며……

지금부터 그대의 우주는 팥죽처럼 붉겠네, 그래서 좋겠네

4

우리는 온종일 눈싸움만 하다가 돌아갔다

죽 한 그릇도 마저 소화하지 못하는

이 조그만 우주에서
이제 우리의 속은 하나밖에 남지 않았다
그런데 그대여, 우리의 이 낮은,
낮은 언제쯤 밤보다 더 길어질 것인가

4

정끝별 | 추파, 춥스
김기상 | 푸르륵 참
송찬호 | 존 테일러의 구멍난 자루
김경주 | 고등어 울음소리를 듣다
박성우 | 바닥

이동백

[젊은시인들]의 추천시

추파, 춥스

흘러내리는 네 눈의 윙크
흘러내리는 네 어깨의 머리카락
가을 강물에 흔드는 바람아 끈적끈적 하잖니,

흘러드는 내 귀의 노래
흘러드는 내 손가락 사이의 설탕물
끈적끈적 채웠으니 시절아 따라갈까 붙어갈까

저 입이 움켜쥔 군침
밀크와 딸기가 섞인 백 개의 강이 흐르고
채워지지 않는 입은 저리 둥근 허공을 쪽쪽 빨고 있는데
화공畵工은 어딜 갔다니,
달콤한 혀로 천 개의 침을 찍어
노는 물결 위에 한 생을 그리고 그려야 하는데

오 살랑대는 추파
춥스! 이제 곧 앙상한 겨울 막대만 남을 텐데
가까스로 가을인데

정끝별

1988년 『문학사상』 등단. 1994년 『동아일보 신춘문예』 평론 당선.
시집 『자작나무 내 인생』, 『삼천갈자 복사빛』, 『와락』 등. 유심작품상, 소월시문학상 대상.

단상

정말 끝내주는 상상력이 별처럼 반짝거린다.

시인은 가을 강물결을 나무꼬챙이에 꽂아 들고 군침을 흘리며 바라보고 있다.

그것도 안타까이 바라보고 있다.

츄파춥스 로고를 그렸던 화공(살바르도 달리)은 어디서 무얼 하고 있나.

시인이 가까스로 훔쳐 온, 전무후무한 가을강물결 사탕인데 .

이제 곧 녹아내리고 말 것인데

올 가을 내내 이 막대사탕만 생각날 것 같다. 달리! 무슨 말을 할까?

김기상

충남 청양 출생. 2006년 『詩로 여는 세상』 등단.
『비무장지대』 동인, 청양문학회 회원. 시집 『푸르륵 참』. 푸른시인상 수상

푸르륵 참

살구나무의 이웃은 죽나무다
잎을 벗은 나무들은 제 앙상한 가지를 새들에게 준다
가끔 바람이 들리기지만 달갑지 않다
더 이상 떨구어 줄 것이 없다는 말이다
죽나무는 참자를 붙여 참죽나무라고 불러주면 아주 좋아한다
참말로 죽도록 좋아해서 참죽나무다
살구나무도 참자를 빼면 곧장 개자가 들어붙기 일쑤라
꼭 참자를 붙여주길 바란다
이웃하고 사는 나무들의 속내를 가장 잘 아는 것이 참새다
하루 종일 부지런히 나무와 나무 사이를 넘나들며
푸르륵 참 푸르륵 참
나무마다 참자를 붙여주고 다닌다
가까운 이웃에 시인도 하나 있는데
녀석들 번번이 건너뛴다

단상

참으로 옳은 말씀이구나.
그랬었구나.
요즘 들어서 내눈에 왜 참새가 보이지 않는가 했더니,
참이 아닌 것이 참은 좋아해서리
참소주랑 참새구이랑 참 많이도 먹어댔지.
너도 나도…… 말이다.

존 테일러의 구멍난 자루

송찬호

1987년 『우리시대의 문학』 등단. 시집 『붉은 눈 동백』, 『백 년 동안의 빈 의자』, 『흙은 사각형의 기억을 갖고 있다』, 『고양이가 돌아오는 저녁』 등. 김수영문학상, 미당문학상, 대산문학상 등 수상.

아무도 지켜보는 이 없이
그 자루의 옆구리에 난 총알구멍으로
존 테일러의 부유한 피와 살이
모두 빠져나가는 데 걸린 시간은
채 다섯 달이 되지 않았다

그렇다고 존 테일러의 마지막 시간이
꼭 쓸쓸했던 것만은 아니다
'천국을 준비하는 사람들' 이라는 호스피스 모임에서 나온
부패가 따뜻하게 그의 영면을 도왔고
또 코를 감싸 쥘 만큼의 악취가 그 옆을 지켰다

그러고 보면 주위에서 그와 같은
납치나 실종사건이 드문 일만은 아니다
존 테일러는 옆구리를 움켜쥔 채
갇힌 자루 속에 웅크리고 누워
그의 허벅지에, 그리고 푸른 자루의 허벅지에
피를 찍어 이렇게 썼다
국가는 개새끼, 왜 나를 도우러 오지 않는 것인가

존 테일러는 다섯 달 만에 어두운
농가 수로에서 뼈만 남긴 채 발견되었다
자루는 아주 가벼웠다
그런데, 그가 입고 있던 양복 안쪽에
새겨진 존 테일러라는 이름은
그의 이름인가 양복 상표 이름인가
이 모든 것은 썩지 아니한가

단상

그는 필시 국민의 사대의무를 성실히 수행한 성인 남자 임을 알 수 있겠다.

절대절명의 순간에도 국가라는 희망의 끈을 놓치지않았는 걸 보면.

구멍 난 모래주머니처럼 총상 입은 그의 육체는 쉽게 사그라지고 그가 걸쳤던 의복만 자루처럼 남았다

납치 실종이 더 이상 낯설지 않듯이 자루란 단어에도 쉽게 흔들리지않는 시대.

농가 수로에 여기 저기 팽개쳐진 빈 비료포대처럼 마침내 존테일러란 이름이 찍힌 자루가 되어버린 사내

그의 자루가 존테일러인가? 존테일러의 자루가 그인가?

심각하게 고민하는 사람은 별로 없을 것이다.

다만 몇 달만에 마침내 뼈만 남은 그가 발견되었을 때

어쩜 그가 했을지도 모를 금니 송곳니처럼 존테일러란 상표가 햇살에 빈찍 빛났을 따름…

고등어 울음소리를 듣다

김경주

2003년 『대한매일신문』 등단. 시집 『나는 이 세상에 없는 계절이다』, 『기담』, 『시차의 눈을 달랜다』, 오늘의 젊은 예술가상, 시작문학상, 김수영 문학상 수상.

깊은 곳에서 자란 살들은 차다

고등어를 굽다 보면 제일 먼저 고등어의 입이 벌어진다 아....하고 벌어진다 주룩주룩 입에서 검은 허구들이 흘러나온다 찬 총알 하나가 불 속에서 울고 있듯이 몸 안의 해저를 천천히 쏟아낸다 등뼈가 불을 부풀리다가 녹아내린다

토막을 썰어놓고 둘러앉아 보라색들이 밥을 먹는다
뼈도 남기지 않고 먹어치운 후 입 안의 비린내를 품고 잠든다
이불 밖으로 머리를 내놓고 보라색 입을 쩝쩝거린다

어머니 지느러미로 바닥을 치며 등뼈를 세우고 있다 침 좀 그만 흘리세요 어머니 얘야 널 생각하면 눈을 제대로 못감겠구나 옆구리가 벌어지면서 보라색 욕창이 흘러나온다 어머니 더 이상 혀가 가라앉았다가 떠오르지 않는다 나는 어머니 몸에 물을 뿌려주며 혀가 가슴으로 헤엄쳐가는 언어 하나를 찾았다 생이 꼬리를 보여줄 때 나는 몸을 잘랐다

심해 속에 가라앉아 어머니 조용히 보라색 공기를 뱉고 있다 고등어가 울고 있다

단상

요즘엔 너도 나도 국민이라는 낱말을 즐겨들 쓰고 있다.

국민배우!!! 국민가수000 국민시인??? 처럼

물고기에게도 붙여본다면 고등어가 어떨까.

나도 가끔씩 대구포항간 고속도로를 달려 포항항 죽도시장, 고등어 좌판 아줌마와 흥정을 즐기곤 한다.

왁짜지끌한 시장 좌판바닥 "어머니 지느러미로 바닥을 치며 등뼈를 세우고 있다".

목이 다 쉬도록 쉴틈없이 지껄이다보니 뜨꺼운 불판위의 고등어처럼 입에서 검은 피가 흘러나온다. 간간이 한숨같은 신음소리가 바닥에 소리없이 깔린다. 녹아내리는 등뼈를 추슬러 돌아가야 할 곳은 반지하 월세 방 한 칸.

주방이자 공부방이자 침실인 그곳에 미쳐 팔지못한 고등어 굽는 연기가 자우하다.

"보랏빛 욕창이 흘러나온다. 어머니 더 이상 혀가 가라앉았다가 떠오르지 않는다."

"나는 어머니 몸에 물을 뿌려주며 혀가 가슴으로 헤엄쳐가는 언어 하나를 찾았다."

요 대목에서 그만 나는 소주생각이 간질해진다.

박성우

2000년 『중앙일보 신춘문예』 당선. 시집 『거미』, 『가뜬한 잠』 등. 신동엽창작상, 불꽃문학상 등 수상.

바닥

괜찮아, 바닥을 보여줘도 괜찮아
나도 그대에게 바닥을 보여줄게, 악수
우린 그렇게
서로의 바닥을 위로하고 위로 받았던가
그대의 바닥과 나의 바닥, 손바닥

괜찮아, 처음엔 다 서툴고 떨려
처음이 아니어서 능숙해도 괜찮아
그대와 나는 그렇게
서로의 바닥을 핥았던가
아, 달콤한 바닥이여, 혓바닥

괜찮아, 냄새가 나면 좀 어때
그대 바닥을 내밀어 봐,
냄새나는 바닥을 내가 닦아줄게
그대와 내가 마주앉아 씻어주던 바닥, 발바닥

그래, 우리 몸엔 세 개의 바닥이 있지
손바닥과 혓바닥과 발바닥,
이 세 바닥을 죄 보여주고 감쌀 수 있다면
그건 사랑이겠지,
언젠가 바닥을 쳐도 좋을 사랑이겠지

단상

2011년 8월 대구에선 세계육상선수권대회가 열리고 있다.

높이뛰기, 던지기, 달리기 등 메달경쟁이 한창이다.

오로지 천정을 꿈꾸는 그들의 손바닥이나 발바닥,

거짓없이 바닥을 치고나간 그들의 거짓없는 바닥 위엔 관중들의 찬사와 안타까움의 시선이 가득하다.

매일 열리고 매일 닫히는 백시위의 경기장 트랙,

시인선수가 바닥을 치켜들고 춤추듯 달리고 있다.

그를 향해 나도 나의 부끄러운 바닥을 흔들어 보인다.

ㅁ 웹 월간 詩 [젊은시인들] 연혁

2003년 11월 21일 : 김혜영 시인이 [젊은시인들]카페 개설 (http://cafe.daum.net/youngpoets)

2004년 1월 : 웹 월간 詩[젊은시인들] 카페로 정식 오픈

2004년 10월 : [젊은시인들A] 동인 창단

2005년 5월 : [젊은시인들] 1집, 『그리움에 맞서다』를 〈오감도〉에서 발간

2006년 6월 : [젊은시인들] 2집, 『풍경 속으로 달린다』를 〈시와사상사〉에서 발간

2007년 7월 : [젊은시인들] 3집, 『피터팬, 사막에 가다』를 〈천년의시작〉에서 발간

2008년 8월 : [젊은시인들] 4집 『여섯 개 안에 일곱 개』를 〈시와사상사〉에서 발간

2009년 7월 : [젊은시인들] 5집 『낭만을 철회한다』를 〈천년의시작〉에서 발간

2010년 11월 30일 : [젊은시인들] 6집 『내게로 망명하라』를 〈북인〉에서 발간

2011년 10월 30일 : [젊은시인들] 7집 『하늘자전거』를 〈시와사상사〉에서 발간

□ 웹 월간 詩 [젊은시인들]의 연도별 편집위원 현황

2004년 : 김혜영 안효희 최동문 유홍준 김 언 이재훈 김미라

2005년 : 김상미 김혜영 안효희 최동문 유홍준 김 언 이재훈 김미라

2006년 : 김상미 김혜영 한효희 최동문 김형술 류인서 김 안 김미라

2007년 : 김상미 김혜영 안효희 최동문 류인서 허혜정 김점용 장인수 김연성 김경선 하재청 김미라

2008년 : 김상미 김혜영 안효희 최동문 허혜정 김점용 장인수 김연성 김경선 하재청 김미라

2009년 : 김상미 김혜영 안효희 최동문 허혜정 김점용 장인수 김연성 김경선 하재청 김미라

2010년 : 김점용 김혜영 안효희 장인수 하재청 허혜정 김미라 김미량

2011년 : 김혜영 안효희 하재청 이동백 장인수 허혜정 한보경 (발행인 : 김혜영, 주간 : 장인수, 편집장 : 한보경)

□ 동인 현황(현재 9명)

박종인 이일림 정연탁 전건호 고은산 이은주 이창하 정훈교 이선행

그리움을 위하여

그리움에 대한 한 사람의 지극한 애정을
섬세하게 빚어낸 이 시는 기억에 대한
탁월한 기록이기도 하다.

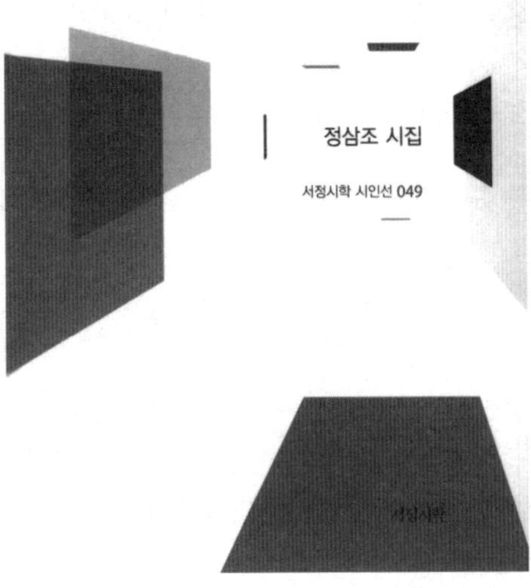

내가 시인이 되고 싶다니까
세상에 좋은 것이 시라
믿으신 사람

시를 읽어 본 적도 없으면서
내가 시인이 되기를
바라셨던 사람

며칠을 밤새워도 시집 한 권을
못다 읽으실 그분
띄엄띄엄 한글을 읽던
그분께 드릴까

— 시인의 말 중에서

서정시학, 값 9,000원

두부

김영미 시집

김영미 시인이 차린 두 번째 밥상을 먼저 시식하는 행운을 누렸다. 시의 1차 수용처는 눈이지만 좋은 시는 뇌와 가슴을 자극하며 순식간에 나머지 감각들을 두드려 깨운다. 문자라는 재료만으로 인간의 오감을 두드려 깨우는 시는 최소의 재료로 최대의 효과를 낸다는 점에서 여전히 그 무엇보다 경제적이다. 한때 시가 양식이었던 시절도 있었으나 이제 시의 존재 이유는 일상이 미처 꿈꾸지 못하는 그 무엇, 현실의 여러 문제를 경쾌하게 뛰어넘는 '유별난 특식' 이어야 함을 시인은 잘 알고 있다. 먼 시간을 조망하는 불가시적 세계가 있는가 하면 손 뻗으면 닿을 위치의 가시적 세계가 있다. 그것들은 주로 '풀 한 포기 없' 는 갈등과 파국의 최전선에서 조우하며, '칼날의 검은 회오리 속으로 빨려' 드는 위기 상황을 드리운다. 그리고 '오, 반가워라 번개 /번개가 올 조짐' 그 위기를 즐기기도 한다. 그것들을 호들갑스럽지 않게 가만히 불러 접붙이고 저만치 거리를 두어 마주보게 한 운용이 남다르다. 뜨겁고 축축했을 열정을 차갑고 건조하게 응고시키는 힘은 내면의 파장을 다 드러내지 않으려는 김영미식의 절제가 만들어 낸 힘이다.

– 최영철 시인

| 김영미 |

부산 출생으로 1998년 『시와사상』으로 등단하였으며, 시집 『비가 온다』가 있다.
시와사상 운영위원, 부산작가회의 회원으로 활동하고 있다.
gangmul53@hanmail.net

모래의 밥상

노준옥 시집

여기, 그녀가 한껏 차려놓은 밥상이 있다. 이름하여 모래의 밥상. 이 얼마나 맛있는 밥상인가. 숟가락을 채 들기도 전에 흘러내리고 흩어지는 모래의 밥상. 밥상의 모래는 그러나 그것들 하나하나가 찰지고 끈끈한 자기 연민을 고통스럽게 통과한 삶의 형상이자 시간의 결정체이기에 함부로 외면하기 힘들다. 쉬이 지나치기 힘들다. 바로 거기서 노준옥 시의 조각조각 눈부신 사금파리 구절들이 힘을 받는다. 그것은 깨어졌으나 사라지지 않는, 지워지지 않는 '고봄의 풍경'으로 되살아나서 밥상 앞에 맞대고 앉은 우리들 가슴팍 곳곳에 가 박힌다. 저리고 날카롭고 끝내는 보듬을 수밖에 없는 거울 속 수많은 나의 자화상을 거기서 다시 발견한다. 다시 불러온다. 그녀가 차려놓은 모래의 밥상은 시간과 세월을 건너뛰어, "오래 감추어둔" 그리하여 "이제는 모르는 말"이 되어버린 저편의 기억을 다시 일으켜 세운다.

– 김언 시인

| 노준옥 |

부산출생으로 단국대 영문과를 졸업하고 2001년 계간 『시와사상』으로 등단하였다. 현재 『시와사상』의 편집장을 맡고 있으며 부산작가회의 회원으로도 활동하고 있다.

그렇다. "제 몸이 통로인 것이다". 제 몸이 존재의 표지이자 다음 생애로 나가는 통로인 것이다. 자신을 통해 탈피를 이루지 못한다면 어떻게 우리가 보다 나은 단계로 나아갈 수 있는 발판을 확보할 수 있을 것인가. 변태와 탈피는 새로운 존재가 되고 싶다는 강렬한 욕망의 구체화인 것이다. 그것을 제 몸으로 할 수 있다는 자각이야말로 진정한 이 생에서의 삶의 의미를 깨달았다는 증거일 것이다.

이 지점에 와서 우리는 이정모의 시가 시의 진정성뿐만 아니라 생의 진정성도 획득했음을 알 수가 있다. 시는 직관적 성찰을 통해 도저한 경지로 고양되어 간다. 그 아득한 높이에 이정모의 시는 둥지를 틀고 있다. 인식의 높이를 통해 존재론적 도약을 감행하고 있는 것이다. 존재론적 도약의 궁극은 인간이 신과 같은 성스러운 존재로 의미의 광휘를 두르는 것일 것이다. 그 점에서 이정모가 추구하는 시적 진전과 도정은 참으로 장엄한 인간학의 영역이라 하지 않을 수 없다. 시인의 길을 통해 그는 인간의 궁극에 이르고자 함을 이번 시집을 통해 보여주고 있는 것이다. 따라서 그에게 시인은 천명(天命)이자 신명(神明)이다.

– 김경복(문학평론가) 해설 중에서

신생시선 28

제 몸이 통로다

이정모 시집

이정모 시인은 춘천에서 태어나 부산에서 성장하였다. 2007년 월간 《심상》 신인상으로 등단하였으며 현재 부산작가회의, 부산시인협회, 시울림 시낭송 회원으로 활동하고 있다.

신생 600-013 부산시 중구 중앙동 3가 12-1 다촌빌딩 201호
전화 051) 466-2006 팩스 051) 441-4445

지혜사랑
042

프로이트를 읽는 오전

김혜영 시집

김혜영에게 시는 사물과 세계를 기호학으로 해석하는 놀이다. 그 놀이는 "당신이란 상상 속의 기호"와 "당신이란 기호를 그리워하는 또 하나의 기호"(「기호 이야기」) 사이에서 이루어진다. 그 사이에서 무수한 기호들이 춤춘다. 기호들은 대상을 은폐적 층위에서 비은폐적 층위로 불러내지만, 한편으로 실재를 가리는 차단막이고 미로이기도 하다. 이것은 무의식의 다른 이름이기도 하다. 여기서 아버지는 대문자 A였다가 다시 X로 변신한다. 그에 따라 주체도 변한다. 즉 "아버지의 이름이 X라면 내 이름도 X"가 되는 것. X는 미지수, 잠재적인 그 무엇, 해석을 기다리는 무의식의 은유다. 세계는 대문자 A에서 대문자 X까지 퍼즐조각이 흩어진 미로다.(「별자리」) 해석되지 않는 세계, 기호로 표기될 수 없는 사물들은 지옥이다. 김혜영의 자아들은 그 지옥을 벗어나려고 아버지-당신을 부른다. 그러나 아버지-당신은 기호의 뒤편에 숨어 있고, 그 모습을 보여주지 않는다. 그것은 함부로 말해지거나 보아서는 안 될 금기이고 금지된 것으로 욕망의 좌절을 불러온다. 김혜영의 자아들은 대문자 X의 세계에서 그 비밀의 막을 열기 위해 "지퍼"를 연다. 그러면 주체와 대상 사이를 가로지르는 기호의 미로들이 왈칵 쏟아진다.

– **장석주** 시인 · 문학평론가

심리학과의 갈래 중에 기호의 인식학을 시의 몸으로 삼은 김혜영 시집의 시선은 자신을 향하되 타인을 향하게끔 플롯 처리되어 있다. 특히 시집 1부와 2부의 기호학들은 마치 타인의 몸속에 들어가 그 숨소리 속에서 경험하는 언어체험체인 양 억압적이고 도발적이다. 시 「토르소」는 이 시집의 흔한 질료인 육체와 물질, 언어와 기호 등을 교묘하게 뒤섞었다. 사막에서 누드를 찍는 누드 모델의 독백으로 이끌어가고 있는 시적 논리성은 흥미롭다. 시 「토르소」에서 육체는 사막의 풍경으로 자주 확대되고, 사막은 육체의 특징을 자주 드러낸다. 그것이 또한 죄다 기호이면서 동시에 시의 몸을 잘 얻었다.

– **송재학** 시인

지혜사랑 시인선 042 『프로이트를 읽는 오전』 | 김혜영 시집 | 양장본 | 4×6배판 | 값10,000원

바다를 낚는 여자
_백소연 시집

마두금 연주에…
_김안려 시집

세한도
_오승근 시집

도배일기
_강병길 시집

잠의 나이테
_권혁재 시집

시와사상 시인선 16

찍은날 | 2011년 10월 24일
펴낸날 | 2011년 10월 30일

지은이 | 김혜영 외
발행인 | 김경수
펴낸곳 | 시와사상사
부산광역시 금정구 부곡동 325-36번지
전화 : 051-512-4142
팩스 : 051-581-4143
E-mail : sisasang@dreamwiz.com
http://www.sisasang.co.kr

등록번호 | 제05-11-7호
등록일자 | 2003년 7월 10일

인쇄처 | 도서출판 세리윤

값 8,000원

ISBN 978-89-94203-04-1 04810